2021年度　　　［第1回］
日本留学試験
試験問題

聴解
聴読解問題
CD付

Examination for

Japanese University

Admission for

International

Students

2021 [1st Session]

独立行政法人
日本学生支援機構
JASSO Japan Student Services Organization

にほんごの
凡人社
BONJINSHA

は　じ　め　に

　独立行政法人日本学生支援機構は、外国人留学生として、我が国の大学（学部）等に入学を希望する者について、日本語力及び基礎学力の評価を行うことを目的として、年に2回、国内外において日本留学試験（EJU）を実施しており、2021年の第1回目の試験は、6月20日（日）に実施されました。

　本書には、日本留学試験の第1回（2021年6月20日実施分）に出題された試験問題が掲載されており、その構成・内容は次のとおりです。

1．本書は、本冊子とCD1枚から成っています。CDには、日本語科目の「聴解・聴読解」の音声が収録されています。

2．日本語科目の「聴解・聴読解」のスクリプト（音声を文章にしたもの）を掲載しています。

3．実際の試験問題冊子と解答用紙は、A4判です。ここに収められている試験問題冊子と解答用紙は、実物より縮小してあります。

4．試験の出題範囲については、本書に「シラバス」として掲載しています。

　試験問題の公開は、日本留学試験について受験希望者及び関係機関に広報するとともに、受験希望者の試験勉強の便宜をはかるために行うものであり、本書が国内外の多くの日本留学希望者の助けとなれば幸いです。

　2021年8月

独立行政法人　日本学生支援機構（JASSO）

目　次

2021年度

日本留学試験（第1回）

試験問題

The Examination

2021年度　日本留学試験

日本語
（125分）

I　試験全体に関する注意

1．係員の許可なしに，部屋の外に出ることはできません。

2．この問題冊子を持ち帰ることはできません。

II　問題冊子に関する注意

1．試験開始の合図があるまで，この問題冊子の中を見ないでください。

2．試験開始の合図があったら，下の欄に，受験番号と名前を，受験票と同じように記入してください。

3．問題は，記述・読解・聴読解・聴解の四つの部分に分かれています。
それぞれの問題は，以下のページにあります。

	ページ
記述	1～3
読解	5～31
聴読解	33～47
聴解	49～52

4．各部分の解答は，指示にしたがって始めてください。指示されていない部分を開いてはいけません。

5．足りないページがあったら手をあげて知らせてください。

6．問題冊子には，メモなどを書いてもいいです。

III　解答用紙に関する注意

1．解答は，解答用紙に鉛筆（HB）で記入してください。

2．記述の解答は，記述用の解答用紙に日本語で書いてください。
読解・聴読解・聴解の問題には，その解答を記入する行の番号 1 ，
2 ， 3 ，…がついています。解答用紙（マークシート）の対応する解答欄にマークしてください。

3．解答用紙に書いてある注意事項も必ず読んでください。

※　試験開始の合図があったら，必ず受験番号と名前を記入してください。

受 験 番 号			＊					＊				
名　　　前												

記述問題

説明

記述問題は，二つのテーマのうち，どちらか一つを選んで，記述の解答用紙に書いてください。

解答用紙のテーマの番号を○で囲んでください。

文章は横書きで書いてください。

解答用紙の裏（何も印刷されていない面）には，何も書かないでください。

記述問題

以下の二つのテーマのうち，どちらか一つを選んで 400～500字程度で書いてください（句読点を含む）。

1.

現在，様々な国で，宇宙に関する研究や，ロケットを打ち上げたり月に行ったりする宇宙開発が進められています。しかし，宇宙の研究や開発は必要ないという人もいます。

宇宙の研究や開発の必要性について，あなたの考えを述べなさい。

2.

多くの国や地域では，小学校や中学校の授業で，美術や音楽，伝統芸能などの芸術を学びます。しかし，芸術を小学校や中学校で学ぶ必要はないという人もいます。

小学校や中学校の授業で芸術を学ぶ必要性について，あなたの考えを述べなさい。

問題冊子の表紙など，記述問題以外のページを書き写していると認められる場合は，０点になります。

――― このページには問題はありません。―――

読解問題

説明

読解問題は，問題冊子に書かれていることを読んで答えてください。

選択肢１，２，３，４の中から答えを一つだけ選び，読解の解答欄にマークしてください。

Ⅰ 博物館での照明が暗い理由として，最も重要なものはどれですか。　　　1

　博物館を訪問した経験のある方には思い当たる人も多いのではないかと思いますが，展示室の照明はかなり暗めであることが多いですね。もっと明るい照明の方が見易くて良いのに……と思ったことがあるかもしれません。歴史的な仏像などの文化財の場合は，暗めの照明の方が見た感じも神秘的で厳かさが漂って心理的にありがた味も増してくるような感じもあるかもしれません。

　それを否定するものではありませんが，実は，それ以外に極めて重要な理由があるのです。

　それは，照明光によって展示物が傷んでしまう（損傷を受ける）ことを極力抑えるためなのです。

　私たちの日常でよく経験することでは，例えば，長期間白い紙（新聞紙など）を日向に晒しておくと，やがて黄色く変色してしまいます。この変色の度合いは，紙に照射される光が強いほど，また照射時間が長いほど大きくなります。

（「光と色の話　博物館・美術館の展示照明」シーシーエス株式会社

https://www.ccs-inc.co.jp/museum/column/light_color/vol37.html）

１．展示物の魅力を効果的に見せるようにするため
２．展示物が受ける光の悪い影響を小さくするため
３．展示物を静かに鑑賞できるようにするため
４．展示物の変色がわからないようにするため

Ⅱ　この「お知らせ」の内容と合っているものはどれですか。 2

研究報告会と懇親会のお知らせ

〈研究報告会〉

　　　日　　　時：20XX年11月10日（土）15：00-17：00　受付開始14：30

　　　場　　　所：アジア経済大学経営学部１号館１階101教室

　　　　　　　　　〒123-4567　東京都江戸区中央町７-18-19

　　　アクセス：下町線「大学東門前」駅下車，徒歩５分

　　　　　　　　　又は，地下鉄山海線「大学西門前」駅下車，徒歩８分

　　　定　　　員：100名　　アジア経済大学以外の方も参加可

　　　=== 報告者と報告テーマ（各報告とも質疑応答を含め40分）===

　　　　（１）「経営者のリーダーシップに関する研究」

　　　　　　　品川学院大学・香川一郎氏

　　　　（２）「人材育成に関する研究」

　　　　　　　神奈川経済大学・山口花子氏

　　　　（３）「事務の効率化に関するIT技術応用」

　　　　　　　伊豆経営大学・長崎和子氏

〈懇親会〉

　　　18時開会

　　　会　　　場：アジア経済大学経営学部１号館21階　展望レストラン

　　　懇親会費：一般　5,000円，学生　無料

　　研究報告会参加希望者は９月30日までに，名前，所属（学校名と部署），身分（一般か学生か），懇親会参加の有無をxxx@xxx.ac.jpにメールでお送りください。ただし，定員100名に達し次第締め切ります。

　　懇親会は当日参加も可能です。懇親会費は当日集めます。

1．懇親会は予約しないと参加できない。

2．アジア経済大学以外の学生は参加できない。

3．研究報告には質疑応答の時間が40分ある。

4．学生は懇親会費を支払わなくてよい。

Ⅲ　次の文章で，筆者が最も言いたいことはどれですか。　　　　　　　　3

　　民主主義の考え方には多様な類型がありますが，その根本理念は「私たちのことを私た
ちで決める」ことです。たとえば何かの案への賛否を問う多数決が，この根本理念と親和
するためには，「賛と否のうち，私たちにとって望ましい選択をすること」が有権者の目
的として共有されねばなりません。

　　そして賛と否のどちらが私たちにとって望ましいかと問うためには，人々の心のなかで，
〈私たち〉という意識が成り立っていなければなりません。それが成り立っておらず，各
人がバラバラに「私にとって」「私の属する特殊な集団にとって」と問うようでは，目的
の共有はなされません。

　　社会が分断した状態で，各人がバラバラに，私や私の集団にとって望ましい選択を，と
投票する多数決には個別利害の表明以上の意味はありません。仮にそうした利害の表明に
一定の意義を認めるにせよ，そのような多数決は，〈私たち〉の社会を＊よきものにする
指針を与えるわけではありません。

　　この話は，社会のなかでさまざまな「私」や「私の属する特殊な集団」があってはなら
ない，といっているわけではありません。そもそも，さまざまに多様なものが共生するた
めに，社会という大きな〈私たち〉が必要なのです。

　　　　　　　　　　　　　（坂井豊貴「第4章　多数決」井出英策他『大人のための社会科』有斐閣）

　＊よきもの：よいもの

1．民主主義の根本理念は，多数決で有権者が賛否をはっきりと示すことだ。
2．民主主義の下では，自分も一員である社会全体のことを考える意識が大切だ。
3．社会の中に特殊な集団が存在していると，社会の分断につながり危険だ。
4．多様化した社会の中での意思決定には，多数決が最もふさわしい方法だ。

IV　次の文章は，恐竜の形について述べたものです。下線部「化石で判断するのは大変だ」の理由として，最も適当なものはどれですか。　4

　恐竜の*デザインで，一番元になるのは，何を食べるかだろう。何を食べるかによって，口や歯のデザインが決まってくるし，獲物をハンティングするのか，肉食恐竜から身を守るのかでも，体全体のデザインが変ってくる。食料としては肉食のほうが消化の効率はよい。草食の場合は固い繊維を消化しなければならないので消化管も長く大きくなる傾向がある。

　肉食の場合は，獲物に嚙みつくために，大きく口を開けるようなデザインが体の大きさに関係なく共通している。しかし食べる獲物の大きさや種類によって，微妙に口や歯のデザインが変ってくる。その微妙な差が種を見わける重要なポイントになるのである。同一の恐竜でも成長段階で食べる獲物が違ってくると，年齢によるデザインの違いも起きてくる。また種類や系統の異なる恐竜でも，同じような環境で同じような獲物をとっていると，同じようなデザインになってくる場合もあるので，化石で判断するのは大変だ。

　肉食恐竜の体のサイズも，獲物となる草食恐竜のサイズに合せて多様化している。基本的には大きな草食恐竜が出現してくるにしたがって，肉食恐竜も大きな種類が登場してくる。小型の肉食恐竜の中には歯が無くなったものもあり，これは完全に食性による変化だ。

（ヒサクニヒコ『新・恐竜論　地球の忘れものを理解する本』PHP研究所）

　*デザイン：ここでは恐竜の形

１．種類の違う恐竜でも，環境や食性が似ていると，デザインも似てくるから
２．肉食恐竜はいずれも口のデザインが共通していて，ほとんど差がないから
３．同じ種類の恐竜は，食性が異なっても同じようなデザインだから
４．食性によって恐竜のデザインに変化が生じても，化石には残らないから

Ⅴ　次の文章は，企業で働く人が出社せず自宅で仕事をする在宅勤務について述べたもの
　です。下線部「非常に困難になるだろう」の理由として，最も適当なものはどれですか。

5

　在宅勤務制の導入に消極的な企業が，最もよくあげる理由は「在宅でできるような仕事
がない」や「労務管理が難しい」等である。

　筆者は，在宅で仕事ができないと考えられている理由が，業務そのものにあるというよ
り，職務範囲が不明瞭(ふめいりょう)で，個々人に仕事を分割して配分できないからだと考えている。
また，近年，「成果主義」に基づく*人事考課が**喧伝(けんでん)されているが，それでも多くの日
本企業では，仕事に対する熱意や態度の考課（情意考課）に重きを置いている。熱意や態
度を評価しようとするなら，働きぶりが見えない在宅勤務者の労務管理は，非常に困難に
なるだろう。

　つまり結論からいえば，「職務範囲の不明確さ」と「情意考課による人材評価」の二点
がおもな要因となって，企業は在宅勤務制の導入をためらっているのである。

（佐藤彰男『テレワーク「未来型労働」の現実』岩波書店）

＊人事考課：勤めている人の働きを会社が評価するしくみ
＊＊喧伝：盛んに言い広めること

１．「成果主義」の評価が実行されない恐れがあるから
２．在宅では，社員の熱意や態度がわかりにくいから
３．日本の企業では，勤務者の職務範囲が不明確だから
４．仕事に熱意がある社員は在宅勤務を嫌うから

VI 次の文章の内容と合っているものはどれですか。　　　　　　　　　6

　人の社会が作物や家畜を作るプロセスを，英語ではドメスティケーションという。日本語では，作物については栽培化，家畜については家畜化あるいは家禽化という語をあててきたが，ドメスティケーションは両者を合わせたものである。ドメスティケーションをもたらした人間の行為のなかでも主要なものが「選抜」である。…（略）…

　選抜は，動物に対しても植物に対しても行われてきた。よい性質を持つ子は残し，他は間引いたり生殖年齢に達する前に食べてしまうなどしてきた。こうした選抜が世代を越えて繰り返し行われた結果，集団全体の遺伝的な性質が少しずつ変わってゆく。選抜は，品種改良（育種という）の基本操作のひとつである。育種がいつから始まったかが話題になることがあるが，育種はドメスティケーションのごく最初の段階からその牽引者でありつづけてきた。その意味で育種のはじまりは栽培のはじまりにまでさかのぼる。

　　　　　　（佐藤洋一郎『食の人類史　ユーラシアの狩猟・採集，農耕，遊牧』中央公論新社）

１．ドメスティケーションは，倫理的な問題を伴うので，慎重に行われるべきだ。
２．動植物が絶滅するのを防ぐために，人間は「選抜」を行うようになった。
３．人間が植物の栽培を始めたころから，品種改良という行為は行われてきた。
４．ドメスティケーションでは，人間の操作によって動植物は遺伝的に変化しない。

VII　下線部「運転免許制度をめぐる矛盾」の意味として，最も適当なものはどれですか。

7

　自動車には運動能力や身体能力が低い人が移動することを助けるという，重要な役割がある。ところが自動車の運転免許は，それらの能力が一定以上の人にしか与えられない。

　高齢者が*運転免許を返納する例が増えている。それは高齢になると運動機能が衰え，運転中に事故を起こしやすいからである。実際に高齢者の交通事故の割合は高い。が，高齢になって歩くことが不自由になると，若いころ以上に自動車が必要になる。それにもかかわらず，体の機能が衰えたことを理由にして運転免許を返すことが求められているのだ。

　また，身体障碍者は運転免許を取得することが難しいため，取得率そのものが低い。

　このようなことから，運転免許の制度はもともと移動に困難のない人にはより速く遠くへ移動できるようにし，一方では移動が困難な人には自動車を利用することを困難にしている。結果，両者の格差は広がるばかりである。

　昨今は，自動運転技術が進歩しているようだ。この技術がさらに進み，移動しにくい人たちがより自動車を利用しやすくなることで，運転免許制度をめぐる矛盾が解消されることを期待している。

　　　　　　（仲尾謙二『自動車　カーシェアリングと自動運転という未来』生活書院　を参考に作成）

　　*運転免許を返納する：運転免許を持っていた人が，自分の意思で，運転免許を持たない状態にもどること

1．自動車による移動が必要な人ほど免許を持つことが難しいこと

2．自動車を運転する能力があるのに，免許を与えられない人がいること

3．運転免許制度が自動運転技術の進歩と普及に悪い影響を与えていること

4．運転免許制度が運転免許を持つ人と持たない人との経済格差を広げていること

VIII　次の文章の内容と合っているものはどれですか。　　　　　　　　　8

　報道は客観的事実を伝えることなのですが，そこには報道する人の一定の意識が介在し，一定の価値観に左右され，ある種の加工が施されたものなのです。テレビのニュースの一コマで，何をニュースとして報道するのか，どういう映像を切り取るのかという取捨選択は，メディアが視聴者の見ていないところで行います。その場面を肯定的に伝えるのか，否定的に伝えるのかも，テレビの編集次第です。その編集した画面にどのような*BGMを流し，どのようなコメントをつけ，効果音をつけるのかによって，まったく印象が変わっていきます。明るいBGMで肯定的なコメントをつけるならば，当然，支持する方向になり，その場面を宣伝する方向になるわけです。逆に，不安をかき立てるようなBGMや批判的なコメントをつければ，当然，逆の印象，すなわちその事件を告発する方向の影響を与えることになるわけです。

（伊藤真『憲法の知恵ブクロ』新日本出版社）

　＊BGM：background musicの略称。背景で流れている音楽

１．報道は，編集の仕方によって視聴者に与える印象が変わる。

２．報道は，できるだけ事実を肯定的に伝えるべきだ。

３．報道は，その編集過程まで公開すべきだ。

４．報道は，事実に基づかない場合が多い。

IX　下線部「逆転の発想」の治療法として，最も適当なものはどれですか。　　　⬚9

　以前は，心臓が弱った患者に強心薬がよく使われたものだった。強心薬を与えると，心拍数が向上したり，心臓の筋肉の収縮力が強くなったりする。つまり，心臓のはたらきは一時的によくなる。しかし，強心薬を使い続けると，やがて心臓がさらに弱ってしまうということが起こった。現在では，心臓が弱った患者の治療法は，心拍数や心臓の筋肉の収縮力を低下させて，心臓のはたらきを抑える方向に向かっている。みなさんは「そんなことをすると，心臓が止まってしまうのではないか。」と心配するかもしれない。逆転の発想である。強心薬を与えると，短期的には心臓のはたらきはよくなる。しかし，弱った心臓に長期的に強心薬を与えると，心拍数が増えることが心臓への負担となり，結果として心臓はさらに弱まって，寿命を縮めることになるのである。逆に心臓のはたらきを抑える薬を投与することで，弱った心臓を休ませ，徐々にではあるが心臓の病気が改善しているという事例も多く報告されている。

　　　（柿沼由彦『心臓の力　休めない臓器はなぜ「それ」を宿したのか』講談社　を参考に作成）

1．一時的に心臓に大きな負担をかける薬を使う。
2．心拍数や心臓の筋肉の収縮力を下げる薬を使う。
3．心拍を速くする薬を長期的に使う。
4．薬を一時的にやめて様子を見る。

X　次の文章で，セミナーを受けるときの筆者の態度として，最も適当なものはどれです

　か。　　　　　　　　　　　　　　　　　　　　　　　　　　　　　　　　　10

　私は，原則的にセミナーを受ける際などでは，メモ帳は用いず，最低でもB5のレポー
ト用紙を使っている。そして講師の話す内容を一心不乱に書き写す。

　要点だけをまとめてメモをとればいいという考えもあるが，よほど自分の知っている
ジャンルの話でない限り，そう簡単にその場で要点をまとめることはできないからだ。そ
して，読み返す際にも，要点だけのメモだと，よほど理解している話でない限り，何のこ
とが書いてあるのかがわからなくなる箇所が多くなる。話の内容を書き写し，雑談や枝葉
の情報がついていると，はるかに理解しやすくなるし，印象にも残る。

　　　　　　　　　　　　　　　　　（和田秀樹『大人のための勉強法』PHP研究所）

1．自分が理解できない箇所はメモをとらない。

2．聞くことだけに集中して，メモはとらない。

3．聞いたことの要点をまとめてメモをとる。

4．聞いたことをできるだけ細かく書きとる。

XI　次の文章を読んで後の問いに答えなさい。

　図1を見てほしい。ある実験ではこのような，曖昧（あいまい）な図形を見せていった。実験参加者は三つのグループに分けられた。一つのグループの参加者は図だけを見る。あとの二つのグループでは，図形といっしょにその名前が見せられる。ただし，同じ図形に対して違う名前が付けられている。例えば，Cにも三日月にも見える図形に対して，ある一つのグループは「C」という名前といっしょに提示され，もう一つのグループは「三日月」という名前が提示された。…（略）…　その後，参加者は見た図形をできる限り正確に再現して描くように求められた。

　図2の八つの絵が，どちらの名前を聞いた人が描いたものか，言わずとも明らかだろう。名前という知識は，図形の記憶に明らかに影響を与えている。記憶の貯蔵庫に入れられる絵は，実際に見た絵そのものではなく，名前の指すものの典型的なイメージが紛れ込んだ，自分で「つくりあげた」イメージとなっているのである。

図1

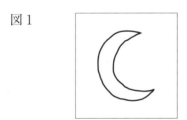

図2

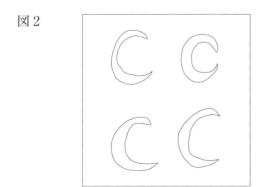 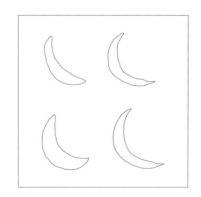

（今井むつみ『学びとは何か──＜探究人＞になるために』岩波書店）

問1　この実験において参加者は何をするように言われましたか。　　　11

1．見せられた図形を思い出して描く。

2．見せられた図形が何を表しているか推測する。

3．聞いた言葉に合う図形を描く。

4．見せられた図形を，言葉に合わせて分類する。

問2　この実験からわかることとして，最も適当なものはどれですか。　　　12

1．曖昧な図形は，名前をつけても記憶されにくい。

2．図形は，つけられた名前の影響を受けて記憶される。

3．図形の記憶は，つけられた名前によって変わることはない。

4．図形は，名前とともに見せられたほうが記憶に残りやすい。

XII　次の文章を読んで後の問いに答えなさい。

　これまで，多くの*サービス企業では，顧客に喜んでもらうためには，十分に手をかけてサービスを提供していくことが必要であると考えてきた。つまり，顧客満足を実現するためには，顧客を手厚くもてなす必要があり，人や物をより多く投入していく必要があるということである。

　このため，サービス現場で働く多くの人によって，高い顧客満足と，サービスの効率化は両立しないと信じられてきた。すなわち，物や人の効率化を図ろうとすると，どうしてもサービスの内容や提供方法のどこかを犠牲にしなければならず，これまでのように高い顧客満足につながる品質のサービスを提供し続けることができないと信じられてきたのである。この顧客満足と効率性の同時追求に関する二律背反の関係が，(1)サービス企業にとっての大きな問題となっている。

　また，製造業と違い，サービス産業の現場には顧客がいて，その顧客は気まぐれで，何を求めているのか，それを事前に知ることはほとんど不可能である。サービス産業に比べ生産性が高い製造業では，生産現場の工場にあるのは産業機械であり，そこで働いているのは工場の作業員である。つまり，工場の中の生産活動は，計画的に進めることができるのに対して，顧客と直接向き合う(2)サービス産業の現場ではそれが難しく，結果として製造業に比べ，生産性向上への取り組みが大きく遅れてきた。

（内藤耕『「最強のサービス」の教科書』講談社）

　＊サービス企業：宿泊，飲食，娯楽などのサービスを提供する企業

問1　下線部(1)「サービス企業にとっての大きな問題」を説明したものとして，適当なものはどれですか。　　　　　　　　　　　　　　　　　　　　　13

1．高い顧客満足を得るにはどうしたらよいかがわからないこと
2．顧客満足向上のためには効率性を上げなければならないこと
3．効率性を上げても下げても，自然に顧客満足が下がること
4．効率性を上げると，高い顧客満足が得られないこと

問2　下線部(2)「サービス産業の現場ではそれが難しく」とありますが，「難しい」理由として最も適当なものはどれですか。　　　　　　　　　　　　　　14

1．顧客が求めることを正確に予測できないから
2．サービスの現場では機械を用いることができないから
3．サービス産業では計画的に仕事を進めようとする意識が薄いから
4．仕事をする際に顧客と直接会わなければならないから

XIII　次の文章は，神社や寺などの建築を専門で行う大工が話したことを聞き取って書い
　　　たものです。読んで後の問いに答えなさい。

　　私は堂や塔を建てるときは，まず出来上がった姿を頭に浮かべます。そして一枚ずつ
＊瓦(かわら)を剝がし，＊野地板(のじいた)を取り，＊垂木(たるき)を寄せてと，建物を分解していくんです。そうし
てやっていくと，どんな部材がどんな＊＊寸法でどれぐらい必要か，計算できます。
　　部材の形は考えられるが，組み合わせが想像出来ない物は不採用です。そうやって，最
後に土台まで想像が及べば，その建物は完成できると考えます。
　　建てるときは，その順序を逆にやっていけばいいんです。
　　もちろん難問が出てきますが，それは考え，工夫し，完成させていくんです。
　　そうした難問が新しいことを生み出したり，実際にやってみることで解決したりします。
昔は設計士やデザイナーという仕事はなかったんです。考えた者が建てたんです。建てら
れないものは考えなかった。ですが，今は違います。デザイナーは道具を握ったことがな
い人が多いし，材の重さを知らない。強さや癖があるとは知っているかもしれませんが，
大方は数値の上だけでしょう。ですから，結構無理な図面を描かれます。昔はそういうこ
とはなかったでしょうな。

　　　　　　　　　　　　　　　　　　　　（小川三夫『宮大工と歩く奈良の古寺』文藝春秋）

＊瓦，野地板，垂木：建築の部材
＊＊寸法：長さ

問1　この大工は，建物を造り始めるとき，まず初めに何をすると言っていますか。

1．デザイナーに木材の特徴を説明する。

2．完成した全体像を頭に描く。

3．建物の基礎となる地盤を造る。

4．目の前にある部材で何が造れるかを考える。

問2　下線部「今は違います」とありますが，昔と今はどう違いますか。

1．昔は土台となる地盤造りを重視していたが，今は設計やデザインを重視している。

2．技術の発展により，昔なら問題になっていたようなことも今は簡単に解決できる。

3．昔は建物を設計する人と建てる人は同じだったが，今は分業体制になっている。

4．昔の人は知っていたが，今ではできる人がいなくなってしまった技術が増えている。

XIV　次の文章を読んで後の問いに答えなさい。

　人々は，自分の行為が直接的に，あるいは間接的にどのような法的効果を生ずるかを考えて行動することが多いし，そうするのが合理的でもある。ところが，法がどんどん変わるということになると，その予測ができなくなり，また不測の損害を被ったり，思わぬ利益に預かったりすることになり，ひいては社会全体を混乱に陥れることにもなりかねない。だから，法というものは，（　A　）が望ましい。

　しかし，他方において，社会や経済の状況は時代とともに変化し，従来の法のままではそれらの変化に対応できないことになり，新しい法が要請されるようになる。このことは，変化の激しい現代社会において，とくに顕著である。まさに，「法は静止しているわけにはゆかない」のである。新しい事態に合致するように，①法の解釈を改めたり，②妥当な処理方法を認める判例の積み重ねによって，いわゆる＊判例法が形成されたりするほか，③新たに法律を作ったり，従来の法律を改正したりすることが行われる。

（山畠正男・福永有利・小川浩三『法のことわざと民法』北海道大学図書刊行会）

＊判例法：同種の裁判における判決の先例が積み重なり，法的な効力を持つようになったもの

問1　（　Ａ　）に入るものとして，最も適当なものはどれですか。　　　17

1．できるだけ一定不変であること
2．柔軟な解釈が可能であること
3．あまり細かく決めすぎないこと
4．時代に合わせて変化していくこと

問2　この文章の内容に合うものとして，最も適切なものはどれですか。　18

1．法律が厳格すぎると，人々が合理的な行動をとりにくくなる。
2．社会や経済の状況に影響されない法律を作るべきだ。
3．判例によって法の解釈を改めると，社会全体を混乱させてしまう。
4．世の中の変化に応じて，法も変わっていくものだ。

XV　次の文章を読んで後の問いに答えなさい。

　私には，文章を書くときにカギ括弧(かっこ)を多用する癖がある。カギ括弧は言葉の引用部分を明確にしたり，特定の言葉を強調したりするのに使われるが，私の文章には後者がやたらと多いようだ。編集者からも，よく「このカッコ，必要ですか？」とたずねられる。

　カギ括弧には，音も動きも伴わない書き言葉を立体的に見せる効果がある。強く発音される言葉を示したり，その言葉に特別な意味があることをほのめかしたりする効果だ。

　たとえば*時代劇によくある**賄賂(わいろ)のせりふを「こちらは***お代官様のお好きな『お菓子』でございます」のように書く。そうすれば「お菓子」が強めに発音されることや，それが文字通りのお菓子ではなく，実はお金であることなどをほのめかすことができる。

　こういう便利さもあってつい使ってしまうのだが，最近，自分と同じ癖を持った人が書いた文章を読んで，大いに反省した。カギ括弧でいちいち目が止まってしまい，自分のペースで文章に目を走らせることができないのだ。書き手の思い入れは強く伝わる半面，読む側は疲れてしまう。

　書き言葉は語り手の声や表情といった情報に欠ける一方で，読み手に好きなペースで言葉をたどる自由を与えているのだと思い知った。今も，新刊の校正の真っ最中だ。読む人が疲れすぎないよう，要らないカギ括弧を取り除く作業に励んでいる。

（川添愛「川添愛のことばスムージー」朝日新聞2019年6月12日）

＊時代劇：古い時代の日本を舞台にしたドラマ

＊＊賄賂：自分の利益になるように処理してもらうため，権限のある人に不正に贈る金品

＊＊＊お代官様：ここでは，江戸時代の役人

問1　筆者はどんなときにカギ括弧を多く使っていますか。　　　　19

1．言葉を目立たせたいとき
2．引用部分を示したいとき
3．編集者から必要だと言われたとき
4．時代劇のせりふを書くとき

問2　下線部「要らないカギ括弧を取り除く作業に励んでいる」とありますが，それはなぜですか。　　　　20

1．引用が多い文章は読みにくいと反省したから
2．カギ括弧のない文章を読んで，その方が読みやすいと思ったから
3．編集者からカギ括弧が多すぎると指摘されたから
4．カギ括弧が，文章を読む人のペースを乱すことに気づいたから

XVI　次の文章を読んで後の問いに答えなさい。

　　季節の訪れを正確に知ることは出来ないか──。

　　「新しい生き方」を始めた人類は，切実にそう考えたに違いありません。「新しい生き方」とは，それまでの狩猟採集とは一線を画す「農耕牧畜という生き方」のことです。…（略）…

　　約一万年前にホモ・サピエンスが始めたこの生き方が，現代にまで続く「文明」の始まりです。最初の文明人である彼らにとって，種まきの時期や，定期的にやってくる雨期と洪水，あるいは乾期の日照りは，つねに悩みの種でした。季節の訪れを知る正確な手がかりを，「文明」によって生きようとする彼らは必要としました。

　　経験上彼らは，季節が周期的に訪れることは知っていました。季節は移り，同じようにそれを繰り返す。問題は「いま」が「いつ」で，その変化は「いま」からどのくらいあとにやってくるか，それを，そしてまた，その方法を見つけることでした。

　　彼らはその方法を「天」に見つけました。気まぐれな自然の変化の中で，天だけは（　Ａ　）からです。天とは，すなわち星の世界です。日は昇り，日は沈む。月は満ち，そして欠けていく。そうした天のリズムを，彼らは自然の変化をはかる「物差し」としたのです。前者のリズムが「一日」となり，後者のリズムが「一月」となりました。一月が12回繰り返されると季節がひと巡りすることから，そこを一つの区切りとして「一年」とすることも決めました。原始的な「暦」の誕生です。

　　　　　　　　　　　　　　　（松井孝典『文明は〈見えない世界〉がつくる』岩波書店）

問1　下線部「『新しい生き方』を始めた人類は，切実にそう考えた」のはなぜですか。

1．信仰のために，地上の時間を区切る方法を見つけることが必要だから
2．狩猟採集のために，雨期と乾期の時期を知ることが必要だから
3．狩猟採集から農耕牧畜に転換する方法を見つけることが必要だから
4．農耕牧畜のために，季節が変わる時期を正確に知ることが必要だから

問2　（　Ａ　）に入るものとして，最も適当なものはどれですか。

1．人間の都合がいいように調整できた
2．季節の変化とは無関係だった
3．規則正しい変化を繰り返していた
4．いつも人間の身近にあった

XVII　タンチョウという名前のツルについて書かれた文章を読んで，後の問いに答えなさい。

　　日本で，タンチョウは絶滅したと考えられていた時期があった。いまから数十年前のことである。人目につかない湿原の奥で細々と命をつないでいた群れが，ある寒さの厳しい年に，お腹を空かして人里に現れた。心優しい人々が，飢えたタンチョウをかわいそうに思い，貴重な冬の蓄えの中からトウモロコシなどの餌を分け与えた。これを機会に，冬になるとツルは人里にやってきて餌をもらうようになった。給餌によって冬場の餌不足が解消されると，数を持ち直すようになった。今日では夏の間，*釧路から根室周辺にかけての湿原や牧草地で，タンチョウが見られるようになった。道を車で走っている時，気をつけていれば，その白い優雅な姿を見つけるのは難しいことではない。

　　タンチョウ**サンクチュアリの役割は，タンチョウを守ることにある。ぼくがレンジャーになる前に，野鳥の会は寄付を受けてタンチョウの巣がある湿原を買い取り，保護区を作ってきた。また，釧路市で開かれた湿地と水鳥を守るためのラムサール条約の会議会場で，タンチョウとその生息地を守るためのアピールを行った。ぼくが鶴居村にやってきたのは，そんな大きな仕事がひと区切りついた時だった。

　　しかし，タンチョウを守る仕事は終わったわけではない。ちょっと脱線するが，ぼくは自然保護団体に勤めているくせに，“自然保護”とか“自然を守る”という言葉が好きになれない。それは，人も自然の一部と感じているからだ。“守る”という言葉には“強いものが弱いものを助けてあげる”という響きを感じる。本来は人が自然に守られているのに，あべこべだと思う。だから，この言葉に尊大な感じを受け，好きになれない。
（　Ａ　）いまの人間は強い力を持っている。機械を使い，山を削り平らにしたり，海や湿原を埋め立てることは簡単だ。でも，自然を壊すことはできても，作ることはできない。湿原を埋め立てることはできても，アスファルトの下に消えていった生き物と湿原の働きをもう一度作ることはできない。

（日高哲二『子どもとの自然観察スーパーガイド』築地書館）

タンチョウ

＊釧路，根室：北海道の地名

＊＊サンクチュアリ：自然保護区

問1　この地域のタンチョウという鳥に関する説明として，正しいものはどれですか。

23

1．日本のタンチョウは絶滅したが，海外から来たタンチョウは増えている。
2．人々がタンチョウに餌を与えたため，絶滅の危機を脱しつつある。
3．環境保全など，保護活動を続けているが，タンチョウの数がなかなか増えない。
4．人目につかない湿原の奥に生息しているためタンチョウを見ることは難しい。

問2　（　A　）に入るものとして，最も適当なものはどれですか。

24

1．確かに
2．むしろ
3．そのため
4．従って

問3　下線部「"自然保護"とか"自然を守る"という言葉が好きになれない」とありますが，それはどうしてですか。

25

1．本来強い人間が自然を守るのはあたりまえだから
2．自然破壊は，人間のせいばかりとはいえないから
3．人間の方が自然より上の立場だという意識を感じるから
4．自然は，人間の技術で健全な状態に戻すべきだから

──── このページには問題はありません。────

聴読解問題
説明

　聴読解問題は，問題冊子に書かれていることを見ながら，音声を聴いて答える問題です。

　<u>問題は一度しか聴けません。</u>

　それぞれの問題の最初に，「ポーン」という音が流れます。これは，「これから問題が始まります」という合図です。

　問題の音声の後，「ポーン」という，最初の音より少し低い音が流れます。これは，「問題はこれで終わりです。解答を始めてください」という合図です。

　選択肢１，２，３，４の中から答えを一つだけ選び，聴読解の解答欄にマークしてください。

　１番の前に，一度，練習をします。

聴読解問題

練習

　学生がコンピュータの画面を見ながら先生の説明を聞いています。学生は今，画面のどの項目を選べばいいですか。

1番

　ある会社の社長が，最近始めた新しい仕事についてインタビューを受けています。この人が，新しい仕事の最もいい点だと思っていることは，図のどの部分に関係がありますか。 　　　　　　　　　　　　　　　　　　　　　　　　　　　　　　　　　　　 1

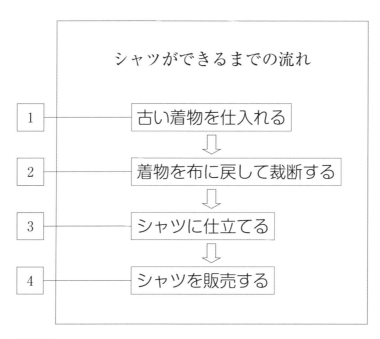

（ISETAN MEN'S net

「【特集】和魂"再生"洋才──東北発，＜Samurai ALOHA/サムライアロハ＞がベールを脱ぐ」

　https://www.imn.jp/post/108057200929　を参考に作成）

2番

　先生が授業で，光る魚が持っている発光細菌について話しています。この先生が最後にする質問の答えはどれですか。　　　　　　　　　　　　　　　　　　　2

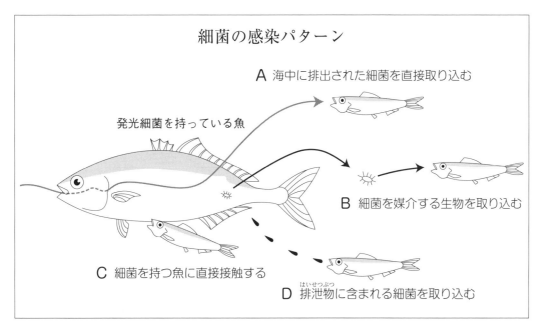

（中西貴之『人を助ける　へんな細菌　すごい細菌』技術評論社　を参考に作成）

1．A
2．B
3．C
4．D

3番

　先生がグラフの見方について話しています。先生が注目すべきだと言っていることに当
てはまる例は，図のどれですか。　　　　　　　　　　　　　　　　　　　　　3

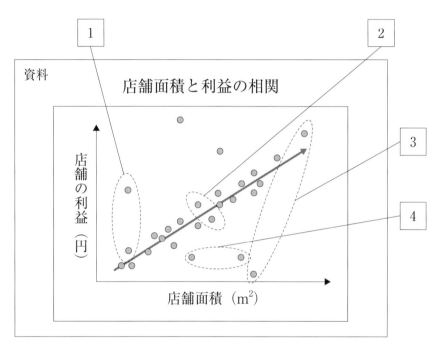

（三谷宏治『発想の視点力』日本実業出版社　を参考に作成）

4番

先生が，生物学の授業で，「イリオモテヤマネコ」という動物について話しています。「イリオモテヤマネコ」だけがえさとし，他の種類のヤマネコはえさとして食べない動物は，資料のどの群ですか。　　　　　　　　　　　　4

イリオモテヤマネコがえさとする動物

えさ動物群
A．ほ乳類
B．鳥類
C．は虫類（ヘビ）
D．は虫類（トカゲ）
E．両生類（カエル）
F．昆虫類
G．その他

（河内義勝『森の野生動物に学ぶ101のヒント』東京書籍　を参考に作成）

1．AとB
2．CとD
3．DとE
4．F

5番

　先生が授業で，組織の中での役割分担の変化について話しています。この先生の説明に合う図は，どれですか。　　　　　　　　　　5

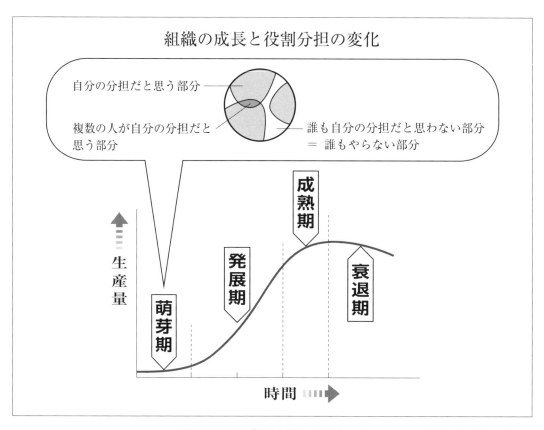

（畑村洋太郎『「想定外」を想定せよ！』NHK出版　を参考に作成）

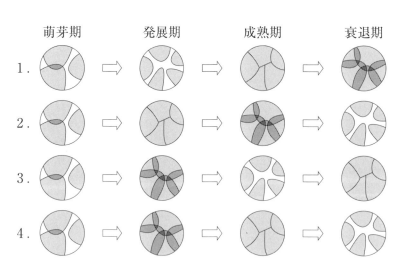

6番

　男子学生と女子学生が育児休暇についての意識調査の結果を見ながら話しています。この男子学生はこのあと，どの項目について詳しく調べると言っていますか。　　6

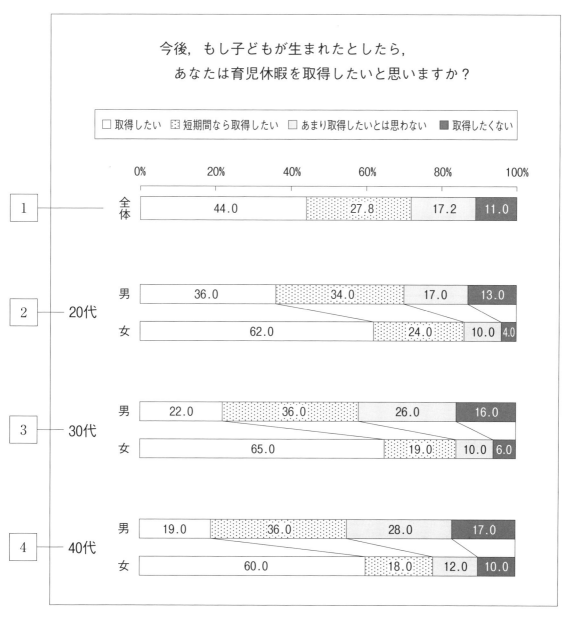

（市場調査データバンク　レポセン「働くパパ・ママについてのアンケート」ボーダーズ

http://reposen.jp/2899/11/20.html　を参考に作成）

7番

　先生が，気象学の授業で，雨の強さに関する用語について説明しています。この先生が話の中で紹介している大雨の事例は，どれに当てはまりますか。　　　　　7

雨の強さに関する用語

予報用語	人の受けるイメージ	1時間当たりの降雨量
やや強い雨	ザーザーと降る	10～20mm未満
強い雨	どしゃ降り	20～30mm未満
激しい雨	バケツをひっくり返したように降る	30～50mm未満
非常に激しい雨	滝のように降る	50～80mm未満
猛烈な雨	圧迫感や恐怖を感じる	80mm以上

1 — 強い雨
2 — 激しい雨
3 — 非常に激しい雨
4 — 猛烈な雨

（気象庁「雨の強さと降り方」

https://www.jma.go.jp/jma/kishou/know/yougo_hp/amehyo.html　を参考に作成）

8番

　先生が，植物とキノコの違いについて説明しています。この先生が最後にする質問の答えはどれですか。　　　　　　　　　　　　　　　　　　　　　　　　 8

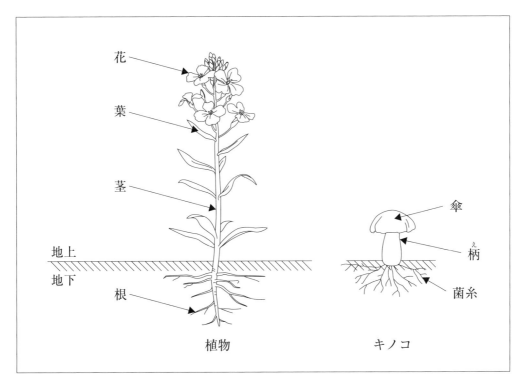

（大舘一夫『都会のキノコ』八坂書房　を参考に作成）

1．花

2．花と葉と茎

3．葉と茎と根

4．根

9番

　先生が，経営学の授業で，キャッチコピーのパターンについて話しています。この先生が最後に挙げる例は，どの項目に当てはまりますか。 9

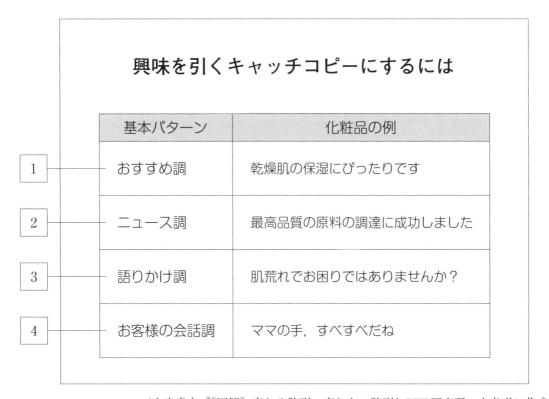

興味を引くキャッチコピーにするには

	基本パターン	化粧品の例
1	おすすめ調	乾燥肌の保湿にぴったりです
2	ニュース調	最高品質の原料の調達に成功しました
3	語りかけ調	肌荒れでお困りではありませんか？
4	お客様の会話調	ママの手，すべすべだね

（永島幸夫『[図解] 売れる陳列　売れない陳列』PHP研究所　を参考に作成）

10番

先生が，経営学の授業で，店舗の設計について説明しています。この先生は，店の入り口の状態としていいのは，次のどれとどれだと言っていますか。　　　　　10

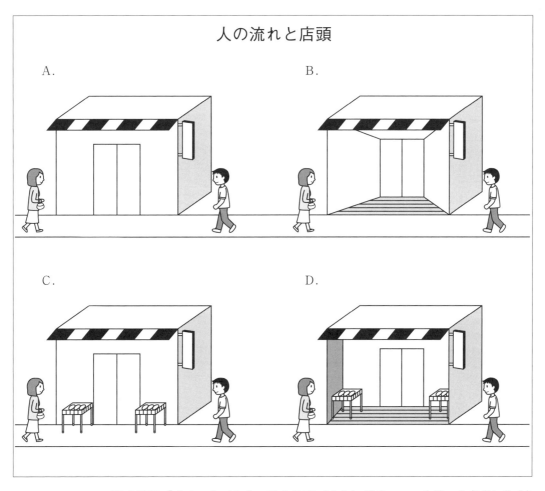

（深山葛明『イラストでみる　はやる店づくり』グラフィック社　を参考に作成）

1．AとD

2．BとC

3．BとD

4．CとD

11番

　動物学の先生が，野生動物とヒトの生活空間について話しています。この先生の話によると，江戸時代が終わった後，ニホンザルとヒトの生活空間は，どの順番で移り変わったと考えられますか。　[11]

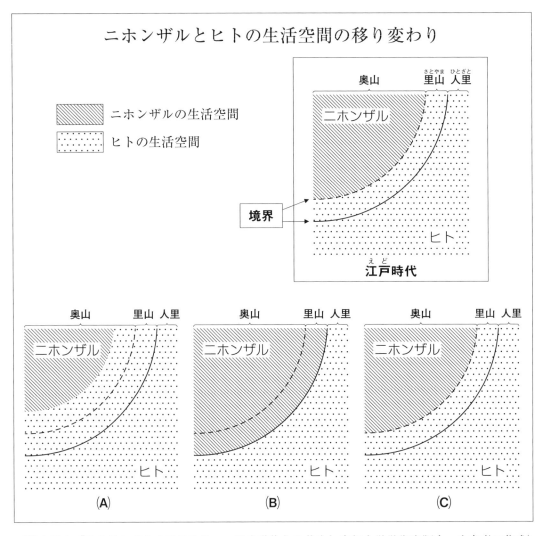

（室山泰之『サルはなぜ山を下りる？——野生動物との共生』京都大学学術出版会　を参考に作成）

1．江戸時代→(A)→(B)→(C)

2．江戸時代→(A)→(C)→(B)

3．江戸時代→(B)→(A)→(C)

4．江戸時代→(B)→(C)→(A)

12番

　先生が，食育について話しています。この先生が挙げる具体的な取り組みは，七つの目標のうち，主にどの目標を達成したと言えますか。すべて答えてください。　　　12

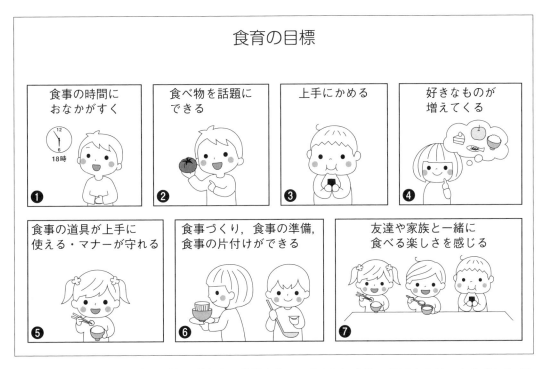

（小川雄二「食育の学校」『ママごはん』春号　地域文化社　を参考に作成）

1．①・③・⑥
2．①・④・⑤
3．②・④・⑥
4．②・⑤・⑦

──── このページには問題はありません。────

聴解問題

説明

　聴解問題は，音声を聴いて答える問題です。問題も選択肢もすべて音声で示されます。問題冊子には，何も書かれていません。

　問題は一度しか聴けません。

　このページのあとに，メモ用のページが3ページあります。音声を聴きながらメモをとるのに使ってもいいです。

　聴解の解答欄には，『正しい』という欄と『正しくない』という欄があります。選択肢1，2，3，4の一つ一つを聴くごとに，正しいか正しくないか，マークしてください。正しい答えは一つです。

　一度，練習をします。

この問題冊子を持ち帰ることはできません。

－　メ　モ　－

2021年度　日本留学試験

理　科

（80分）

【物理・化学・生物】

※　3科目の中から，2科目を選んで解答してください。

※　1科目を解答用紙の表面に解答し，もう1科目を裏面に解答してください。

Ⅰ　試験全体に関する注意

1．係員の許可なしに，部屋の外に出ることはできません。

2．この問題冊子を持ち帰ることはできません。

Ⅱ　問題冊子に関する注意

1．試験開始の合図があるまで，この問題冊子の中を見ないでください。

2．試験開始の合図があったら，下の欄に，受験番号と名前を，受験票と同じように記入してください。

3．各科目の問題は，以下のページにあります。

科目	ページ		
物理	1	～	21
化学	23	～	37
生物	39	～	55

4．足りないページがあったら，手をあげて知らせてください。

5．問題冊子には，メモや計算などを書いてもいいです。

Ⅲ　解答用紙に関する注意

1．解答は，解答用紙に鉛筆（HB）で記入してください。

2．各問題には，その解答を記入する行の番号 **1** ，**2** ，**3** ，…がついています。解答は，解答用紙（マークシート）の対応する解答欄にマークしてください。

3．解答用紙に書いてある注意事項も必ず読んでください。

※　試験開始の合図があったら，必ず受験番号と名前を記入してください。

受験番号			*				*					
名　　前												

物理

「解答科目」記入方法

　解答科目には「物理」,「化学」,「生物」がありますので,
この中から2科目を選んで解答してください。選んだ2科
目のうち,1科目を解答用紙の表面に解答し,もう1科目
を裏面に解答してください。

　「物理」を解答する場合は,右のように,解答用紙にあ
る「解答科目」の「物理」を〇で囲み,その下のマーク欄
をマークしてください。

科目が正しくマークされていないと,採点されません。

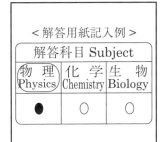

＜解答用紙記入例＞

解答科目 Subject		
物 理 Physics	化 学 Chemistry	生 物 Biology
●	〇	〇

I 次の問い A（問 1），B（問 2），C（問 3），D（問 4），E（問 5），F（問 6）に答えなさい。ただし，重力加速度の大きさを g とし，空気の抵抗は無視できるものとする。

A なめらかな水平面上に質量 m_A の物体 A と質量 m_B の物体 B が接触して置かれている。次の図のように，A に水平方向右向きに大きさ F_0 の力を加えたところ，A と B は一体となって等加速度運動を始めた。このとき，A が B から受ける水平方向の力の大きさを F とする。

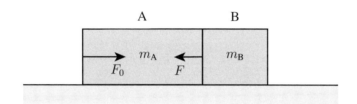

問 1 $\dfrac{F}{F_0}$ はどのように表されるか。正しいものを，次の①～④の中から一つ選びなさい。 **1**

① $\dfrac{m_A}{m_A + m_B}$ ② $\dfrac{m_B}{m_A + m_B}$ ③ $\dfrac{m_A + m_B}{m_A}$ ④ $\dfrac{m_A + m_B}{m_B}$

B　なめらかな水平面上に静止している質量 m の小物体に，時刻 $t = 0$ から $t = T$ の間，水平方向の力が作用した。力の向きは一定で，力の大きさ F は時刻 t とともに変化していた。次の図は，力の大きさ F と時刻 t の関係を示したグラフである。時刻 $t = T$ における小物体の速さを v_T とする。

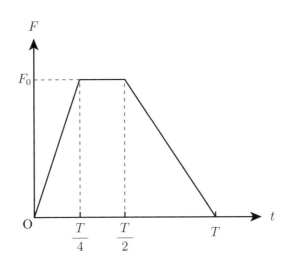

問2　v_T はどのように表されるか。正しいものを，次の①～⑥の中から一つ選びなさい。

2

①　$\dfrac{F_0 T}{4m}$　　　　　②　$\dfrac{3F_0 T}{8m}$　　　　　③　$\dfrac{F_0 T}{2m}$

④　$\dfrac{5F_0 T}{8m}$　　　　　⑤　$\dfrac{3F_0 T}{4m}$　　　　　⑥　$\dfrac{7F_0 T}{8m}$

C　次の図のように，水平面とのなす角が$30°$のなめらかな斜面を上面に持つ台が水平な床の上に固定され，その斜面の両端には定滑車が付いている。斜面上に質量$2m$の物体を置き手で固定し，物体の両端に糸を付け，糸が斜面と平行になるようにして，質量mのおもりを低い方の定滑車にかけてつるし，質量$3m$のおもりを高い方の定滑車にかけてつるした。物体から静かに手をはなしたところ，物体は加速度の大きさaの等加速度運動を始めた。糸は軽くて伸び縮みをせず，定滑車は軽くてなめらかに回転するものとする。

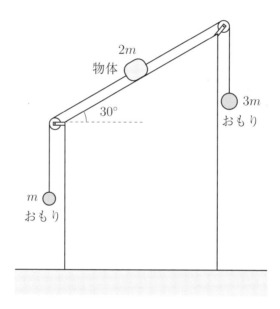

問3　aはどのように表されるか。正しいものを，次の①～⑥の中から一つ選びなさい。　 3

① $\dfrac{g}{12}$　　　　② $\dfrac{g}{6}$　　　　③ $\dfrac{g}{4}$

④ $\dfrac{g}{3}$　　　　⑤ $\dfrac{g}{2}$　　　　⑥ $\dfrac{2g}{3}$

D 図1のように，なめらかで水平な床の同一直線上で，質量1.0 kgの小物体Aが右向きに速さ2.0 m/sで運動し，質量1.0 kgの小物体Bが右向きに速さ1.0 m/sで運動している。AとBは衝突し，その後，図2のように，Aは右向きに速さv_Aで運動し，Bは右向きに速さv_Bで運動した。AとBの間の反発係数をeとする。eの値が$0 \leqq e \leqq 1$の範囲にあることから，v_Aもある最小値以上，ある最大値以下の範囲にあることがわかる。

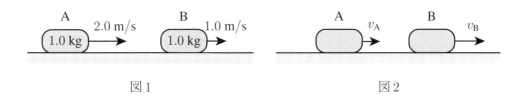

図1   図2

問4　v_A の最小値は何 m/s か。最も適当な値を，次の①〜⑤の中から一つ選びなさい。

 m/s

①　0　　　　②　0.50　　　　③　1.0　　　　④　1.5　　　　⑤　2.0

E 図1のように，なめらかな水平面上に，ばねと小物体が置かれている。ばねは自然
長で，その一端は壁に固定され，他端には小物体が接している。図2のように，小物
体を押し，ばねを自然長から長さ L だけ縮ませ，静かに手をはなしたところ，小物体
は水平面上を運動した。ばねが自然長から長さ x だけ縮んでいるときの小物体の運動
エネルギーを $K(x)$ とする。

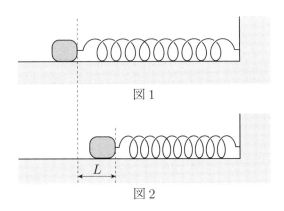

図1

図2

問5　$K(x)$ と x の関係を表すグラフとして，最も適当なものを，次の①～⑥の中から一
つ選びなさい。　　　　　　　　　　　　　　　　　　　　　　　　　　　5

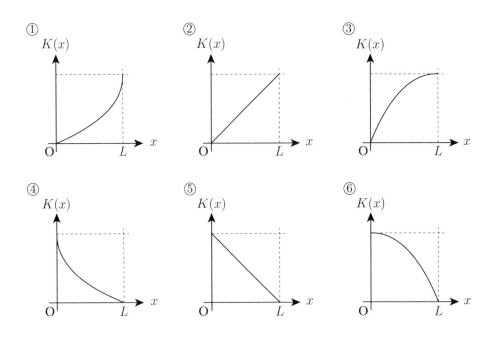

F 次の図のように，なめらかで水平な床から高さ h の位置に長さ ℓ （$> h$）の伸び縮みしない軽い糸の一端を固定し，他端に質量 m の小物体を付けた。糸が張った状態で，小物体は水平な床の上を角速度 ω で等速円運動している。このときの糸の張力を S とする。

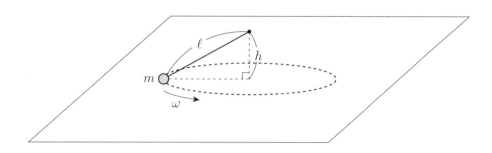

問6　S はどのように表されるか。正しいものを，次の①〜⑥の中から一つ選びなさい。

6

①　$mh\omega^2$

②　$m\ell\omega^2$

③　$m\sqrt{\ell^2 - h^2}\,\omega^2$

④　$\dfrac{mh^2\omega^2}{\ell}$

⑤　$\dfrac{m\ell^2\omega^2}{h}$

⑥　$\dfrac{m(\ell^2 - h^2)\omega^2}{\ell}$

II 　次の問い A（問1），B（問2），C（問3）に答えなさい。

A 　20 ℃の水 120 g に −10 ℃の氷 40 g を入れたところ，じゅうぶん時間がたった後，0 ℃の水と氷になった。水の比熱を 4.2 J/(g·K)，氷の比熱を 2.1 J/(g·K)，氷の融解熱を 3.3×10^2 J/g とし，外部との熱の出入りはないものとする。

問1　残った氷は何 g か。最も適当な値を，次の①～⑦の中から一つ選びなさい。

　　　　　　　　　　　　　　　　　　　　　　　　　　　　　　　　　　　　　　7 g

　　① 8.0　　　　② 12　　　　③ 16　　　　④ 20

　　⑤ 24　　　　⑥ 28　　　　⑦ 32

B　一定量の理想気体が，圧力 p_0，体積 V_0，絶対温度 T_0 の状態から，圧力を一定に保ったまま絶対温度 T（$> T_0$）の状態に変化した。このとき理想気体が外部からされた仕事を W とする。

問2　W はどのように表されるか。正しいものを，次の①～④の中から一つ選びなさい。

8

①　$\dfrac{p_0 V_0 (T_0 - T)}{T_0}$

②　$\dfrac{p_0 V_0 (T - T_0)}{T_0}$

③　$\dfrac{p_0 V_0 (T_0 - T)}{T}$

④　$\dfrac{p_0 V_0 (T - T_0)}{T}$

C 一定量の理想気体の状態を，次の p–V 図のように，状態 A から状態 B まで，3 つの異なる状態 I，II，III を通る 3 つの変化をさせた。状態 I を通る変化で気体が吸収した熱量を Q_{I}，状態 II を通る変化で気体が吸収した熱量を Q_{II}，状態 III を通る変化で気体が吸収した熱量を Q_{III} とする。

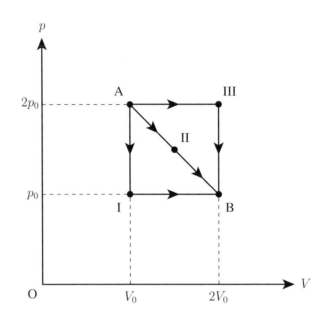

問 3 Q_{I}，Q_{II}，Q_{III} の大小関係はどうなるか。正しいものを，次の①〜⑤の中から一つ選びなさい。 $\boxed{9}$

① $Q_{\mathrm{I}} < Q_{\mathrm{II}} < Q_{\mathrm{III}}$ ② $Q_{\mathrm{III}} < Q_{\mathrm{II}} < Q_{\mathrm{I}}$ ③ $Q_{\mathrm{I}} = Q_{\mathrm{III}} < Q_{\mathrm{II}}$

④ $Q_{\mathrm{II}} < Q_{\mathrm{I}} = Q_{\mathrm{III}}$ ⑤ $Q_{\mathrm{I}} = Q_{\mathrm{II}} = Q_{\mathrm{III}}$

III 次の問い A（問1），B（問2），C（問3）に答えなさい。

A x軸上を正の向きに進む振動数10 Hzの正弦波がある。次の図は，時刻$t = 0$ sでの媒質の変位yと位置xの関係を示したグラフである。$t = 0$ s以降の時刻で，$x = 10.0$ cmの位置での変位yの値が正で最大となる最初の時刻をt_1とする。

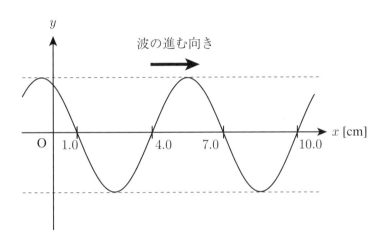

問1 t_1は何sか。最も適当な値を，次の①〜④の中から一つ選びなさい。 10 s

① 2.5×10^{-2} ② 5.0×10^{-2} ③ 7.5×10^{-2} ④ 1.0×10^{-1}

B　線密度の異なる2つの弦AとBが張られている。AとBの長さはともにaで等しい。それぞれの張力を調整し，2つの弦の基本振動数を一致させた。次に，Aの長さをaから変えずに張力をs倍に変え，Bの張力を変えずに長さをbに変えたところ，2つの弦の基本振動数が一致した。それぞれの弦の線密度は変化しないものとする。弦を伝わる波の速さは，弦の張力の$\frac{1}{2}$乗に比例し，弦の線密度の$-\frac{1}{2}$乗に比例するものとする。

問2　sはどのように表されるか。最も適当なものを，次の①〜⑥の中から一つ選びなさい。　11

① $\sqrt{\dfrac{b}{a}}$

② $\dfrac{b}{a}$

③ $\dfrac{b^2}{a^2}$

④ $\sqrt{\dfrac{a}{b}}$

⑤ $\dfrac{a}{b}$

⑥ $\dfrac{a^2}{b^2}$

C 次の図のように，空気，ガラス A，ガラス B が平行な境界面で接している。空気の絶対屈折率を 1.0，ガラス A の絶対屈折率を 1.7，ガラス B の絶対屈折率を 1.5 とする。空気中からガラス A に入射角 60° で光を入射させたところ，光はガラス A からガラス B へと屈折角 θ で進んだ。

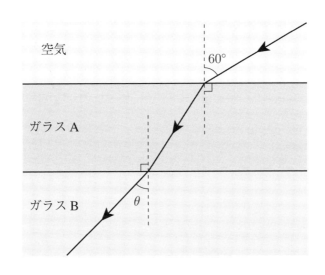

問3 $\sin\theta$ の値はいくらか。最も適当な値を，次の①～⑤の中から一つ選びなさい。 **12**

① 0.17　　　② 0.29　　　③ 0.33　　　④ 0.58　　　⑤ 0.88

$\boxed{\text{IV}}$　次の問い **A**（問1），**B**（問2），**C**（問3），**D**（問4），**E**（問5），**F**（問6）に答えなさい。

A　次の図のように，正方形ABCDの頂点Aに電気量 q（> 0）の点電荷を，頂点Bに電気量 $2q$ の点電荷を，頂点Dに電気量 $2q$ の点電荷をそれぞれ固定した。さらに，頂点Cに電気量 Q の点電荷を固定したところ，頂点Aに固定した点電荷が受ける静電気力の大きさが0になった。

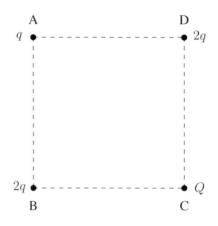

問1　$\dfrac{Q}{q}$ はいくらか。正しい値を，次の①〜⑥の中から一つ選びなさい。　$\boxed{13}$

① $\sqrt{2}$　　　　　　② $2\sqrt{2}$　　　　　　③ $4\sqrt{2}$

④ $-\sqrt{2}$　　　　　⑤ $-2\sqrt{2}$　　　　　⑥ $-4\sqrt{2}$

B　次の図のように，抵抗 R と電気容量 C のコンデンサー，電気容量 2C のコンデンサー，スイッチ S を接続した。最初，S は開いていて，電気容量 C のコンデンサーには電気量 Q の電荷が蓄えられていて，電気容量 2C のコンデンサーには電荷が蓄えられていなかった。次に，S を閉じたところ R に電流が流れ始めた。じゅうぶん時間がたった後，R に電流が流れなくなった。

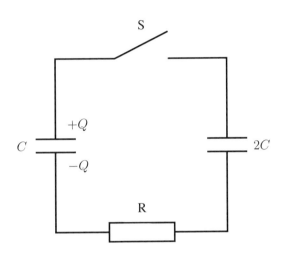

問2　S を閉じてから R に電流が流れなくなるまでの間に，R で発生するジュール熱はどのように表されるか。最も適当なものを，次の①～④の中から一つ選びなさい。

14

①　$\dfrac{Q^2}{6C}$　　　　②　$\dfrac{Q^2}{4C}$　　　　③　$\dfrac{Q^2}{3C}$　　　　④　$\dfrac{Q^2}{2C}$

C　抵抗値の等しい3つの抵抗と電池を，図1のように接続したところ，3つの抵抗の消費電力の合計は P_1 であった。次に，同じ3つの抵抗と電池を，図2のように接続したところ，3つの抵抗の消費電力の合計は P_2 であった。電池の内部抵抗は無視できるものとする。

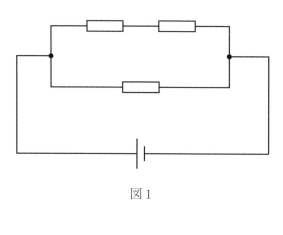

図1

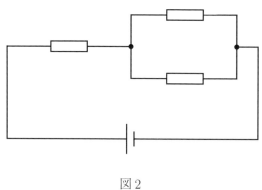

図2

問3　$\dfrac{P_1}{P_2}$ はいくらか。正しい値を，次の①～⑤の中から一つ選びなさい。　　15

①　$\dfrac{4}{9}$　　　②　$\dfrac{2}{3}$　　　③　1　　　④　$\dfrac{3}{2}$　　　⑤　$\dfrac{9}{4}$

D 　次の図のように，じゅうぶんに長い2本の直線導線が紙面内のx軸上の点A（$x = -a$）と点B（$x = a$）を紙面に垂直に通っている（$a > 0$）。Aを通る導線に紙面の裏から表に向かう向きに大きさIの電流を流し，Bを通る導線に紙面の裏から表に向かう向きに大きさ$2I$の電流を流したところ，x軸上の$x = d$の位置で磁場の大きさが0になった。

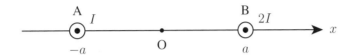

問4　$\dfrac{d}{a}$ はいくらか。正しい値を，次の①～⑧の中から一つ選びなさい。　$\boxed{16}$

① -3 　　② -2 　　③ $-\dfrac{1}{2}$ 　　④ $-\dfrac{1}{3}$

⑤ $\dfrac{1}{3}$ 　　⑥ $\dfrac{1}{2}$ 　　⑦ 2 　　⑧ 3

E   次の図のように，質量 m，長さ ℓ の導体棒QRの両端QとRに，質量の無視できる等しい長さの2本の導線の一端をそれぞれつないだ。Qにつないだ導線の他端を端子Pにつなぎ，Rにつないだ導線の他端を端子Sにつなぎ，QRが水平になるようにつるした。PとSは，水平方向に距離 ℓ 離れた位置に固定されている。鉛直上向きの一様な磁場の中で，導線と導体棒にP→Q→R→Sの向きに大きさ I の電流を流したところ，導線は直線を保ち，導線が鉛直下向きと角度 θ をなす位置で導体棒が静止した。重力加速度の大きさを g とする。

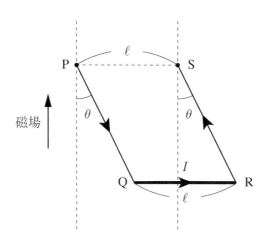

問5   磁場の磁束密度の大きさはどのように表されるか。正しいものを，次の①～⑥の中から一つ選びなさい。 **17**

① $\dfrac{mg\sin\theta}{I\ell}$ ② $\dfrac{mg\cos\theta}{I\ell}$ ③ $\dfrac{mg\tan\theta}{I\ell}$

④ $\dfrac{mg}{I\ell\sin\theta}$ ⑤ $\dfrac{mg}{I\ell\cos\theta}$ ⑥ $\dfrac{mg}{I\ell\tan\theta}$

F　次の図のように，水平な床の上方に，棒磁石をN極が鉛直下向きになるように固定した。磁石の真下の床上の点をOとする。床上にOを原点とするx軸をとる。正方形のコイルを，2辺がx軸に平行になり，中心Cがx軸上にくるように床上に置き，x軸の正の向きに一定の速さvで動かす。図のように，CがOの近くでOから離れていくとき，コイルにある向きに誘導電流Iが流れ，コイルは棒磁石の作る磁場からある向きに力$\vec{F}$を受けた。

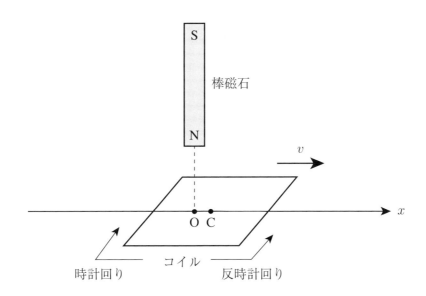

問6　Iの向きは，図に示した時計回りか，反時計回りか。また，$\vec{F}$の向きはどうなるか。正しい組み合わせを，次の①～④の中から一つ選びなさい。　**18**

	①	②	③	④
Iの向き	時計回り	時計回り	反時計回り	反時計回り
$\vec{F}$の向き	x軸の正の向き	x軸の負の向き	x軸の正の向き	x軸の負の向き

V 次の問い **A**（問 1）に答えなさい。

A 原子核 $^{235}_{92}U$ が 1 個の中性子を吸収し，$^{140}_{54}Xe$ と $^{94}_{38}Sr$ に核分裂した。

問 1 この核分裂反応で放出される中性子の数はいくつか。正しい値を，次の①～⑤の中から一つ選びなさい。 19

①　0 　　　　②　1 　　　　③　2 　　　　④　3 　　　　⑤　4

物理の問題はこれで終わりです。解答欄の **20** ～ **75** はマークしないでください。

解答用紙の科目欄に「物理」が正しくマークしてあるか，もう一度確かめてください。

この問題冊子を持ち帰ることはできません。

化学

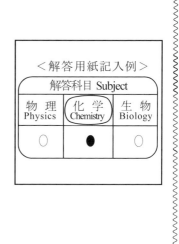
計算には次の数値を用いること。また, 体積の単位リットル（liter）はLで表す。

標準状態（standard state）: 0 ℃, 1.01×10^5 Pa（1 atm）

標準状態における理想気体（ideal gas）のモル体積（molar volume）: 22.4 L/mol

気体定数（gas constant）: $R = 8.31 \times 10^3$ Pa·L/(K·mol)

アボガドロ定数（Avogadro constant）: $N_A = 6.02 \times 10^{23}$ /mol

ファラデー定数（Faraday constant）: $F = 9.65 \times 10^4$ C/mol

原子量（atomic weight）: H：1.0 C：12 O：16 Mg：24 Br：80

この試験における元素（element）の族（group）と周期（period）の関係は下の周期表（periodic table）の通りである。ただし, **H**以外の元素記号は省略してある。

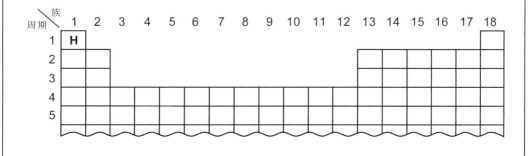

問1　物質の構成粒子（constituent particle）に関する次の記述①～⑤において，**A** 欄の数に対応する数値を **B** 欄に示してある。このうち，**B** 欄の数値が**誤っているもの**を一つ選びなさい。　　$\boxed{1}$

	A	**B**
①	水素イオン H^+ の電子（electron）の数	0
②	He 原子の陽子（proton）の数	2
③	Na 原子の M 殻（M shell）に入っている電子の数	2
④	C 原子の価電子（valence electron）の数	4
⑤	$^{37}_{17}Cl$ 原子の中性子（neutron）の数	20

問2　次の①～⑤の分子またはイオン（ion）のうち，最も多くの共有電子対（shared electron pair）をもつものを，一つ選びなさい。　　$\boxed{2}$

① アンモニア（ammonia）

② 窒素（nitrogen）

③ 硫化水素（hydrogen sulfide）

④ オキソニウムイオン（oxonium ion）

⑤ アンモニウムイオン（ammonium ion）

問3　次の化合物①～⑤のうち，分子が平面構造（planar structure）を**とらないもの**を，一つ選びなさい。　　　　　　　　　　　　　　　　　　　　　　　　　　　**3**

① ベンゼン（benzene）

② 水（water）

③ ナフタレン（naphthalene）

④ アンモニア（ammonia）

⑤ ホルムアルデヒド（formaldehyde）

問4　二酸化炭素 CO_2，二酸化ケイ素 SiO_2，酸化カルシウム CaO が固体状態にあるとき，それぞれの結晶（crystal）の分類として正しいものを，下表の①～⑥の中から一つ選びなさい。　　　　　　　　　　　　　　　　　　　　　　　　　　　　**4**

	二酸化炭素	二酸化ケイ素	酸化カルシウム
①	イオン結晶 （ionic crystal）	共有結合（covalent bond）の結晶	分子結晶 （molecular crystal）
②	イオン結晶	分子結晶	共有結合の結晶
③	共有結合の結晶	イオン結晶	分子結晶
④	共有結合の結晶	分子結晶	イオン結晶
⑤	分子結晶	イオン結晶	共有結合の結晶
⑥	分子結晶	共有結合の結晶	イオン結晶

問5　マグネシウム Mg が塩酸 HCl aq と反応すると，次式のように水素 H_2 が発生する。

$$Mg + 2HCl \longrightarrow MgCl_2 + H_2$$

さまざまな量のマグネシウムに，ある濃度の塩酸 4.0 mL を反応させたところ，発生した水素の 20 ℃，1.01×10^5 Pa での体積は，次表のようになった。

マグネシウムの質量〔g〕	0.018	0.037	0.052	0.070	0.085
水素の体積〔mL〕	18	37	48	48	48

ただし，水素は水に溶けず，気体 1.00 mol は 24.0 L を占めるものとする。

この実験で反応するマグネシウムの最大質量〔g〕と，用いた塩酸の濃度〔mol/L〕の正しい組み合わせを，次表の①～⑥の中から一つ選びなさい。　　5

	マグネシウムの最大質量〔g〕	塩酸の濃度〔mol/L〕
①	0.048	0.25
②	0.048	0.50
③	0.048	1.0
④	0.051	0.25
⑤	0.051	0.50
⑥	0.051	1.0

問6 体積を変えられる密閉容器（closed container）に，水素 H_2 を 1.0×10^{-3} mol と酸素 O_2 を 5.0×10^{-3} mol 入れて点火した。水素は完全に反応して，容器内に水滴が生じた。一定温度 33 ℃で，容器の体積を少しずつ大きくしていくと，容器内のすべての水 H_2O が水蒸気（water vapor）となった。そのときの容器の体積は何 L か。最も近い値を，次の①～⑤の中から一つ選びなさい。ただし，33 ℃での水の蒸気圧（vapor pressure）は 5.0×10^3 Pa とする。 <u>**6**</u> L

① 0.50 ② 0.75 ③ 1.0 ④ 1.5 ⑤ 2.0

問7　次の記述 **a**，**b** の両方にあてはまる塩を，下の①～⑥の中から一つ選びなさい。　　**7**

a　2価（divalent）の酸（acid）と1価（monovalent）の塩基（base）から生じた塩である。

b　水溶液の pH は 7 より大きい。

①　塩化バリウム（barium chloride）

②　炭酸ナトリウム（sodium carbonate）

③　硫酸アンモニウム（ammonium sulfate）

④　酢酸ナトリウム（sodium acetate）

⑤　硝酸カルシウム（calcium nitrate）

⑥　硫酸カリウム（potassium sulfate）

問8　0.300 mol/L の過酸化水素水溶液 H_2O_2 aq 50.0 mL を含む硫酸酸性（acidified with sulfuric acid）溶液に，0.200 mol/L の過マンガン酸カリウム水溶液 $KMnO_4$ aq を加え，過酸化水素を完全に酸化（oxidation）したい。必要な過マンガン酸カリウム水溶液の体積は何 mL か。最も近い値を，次の①〜⑤の中から一つ選びなさい。　　　　　　 **8** mL

①　15　　　　②　30　　　　③　75　　　　④　150　　　　⑤　300

問9　次の図に示す装置で，白金電極（platinum electrode）を用いて希硫酸 dil. H_2SO_4 を電気分解（electrolysis）したとき，陽極（anode）と陰極（cathode）で発生した気体は標準状態で合計 672 mL だった。このとき流れた電気量（amount of electricity）は何 C か。最も近い値を，下の①〜⑧の中から一つ選びなさい。　　　　　　9　C

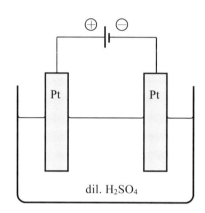

dil. H_2SO_4

① 3.86×10^2　　② 1.93×10^3　　③ 3.86×10^3　　④ 7.72×10^3

⑤ 1.93×10^4　　⑥ 3.86×10^4　　⑦ 7.72×10^4　　⑧ 9.65×10^4

問 10　ヨウ化水素 HI を密閉容器（closed container）に入れ，温度と圧力を一定に保つと，次の熱化学方程式（thermochemical equation）で表される反応が起こり，平衡状態（equilibrium state）に達した。

$$2HI\,(気)\ =\ H_2\,(気)\ +\ I_2\,(気)\ -\ 9\,kJ$$

ここで，HI，H_2，I_2 は，常に気体状態にあるものとする。

　この反応に関する次の記述①～⑤のうち，正しいものを一つ選びなさい。　$\boxed{10}$

①　平衡状態における HI の物質量（amount of substance: mol）は，H_2 の物質量の 2 倍になる。

②　平衡状態における H_2 の物質量と I_2 の物質量は，等しいとは限らない。

③　温度を低くすると，平衡状態における HI の物質量は大きくなる。

④　圧力を低くすると，平衡状態における HI の物質量は大きくなる。

⑤　触媒（catalyst）を加えると，平衡状態における HI の物質量は大きくなる。

問 11　次の操作①～⑤のうち，水素 H_2 が**発生しないもの**を，一つ選びなさい。　$\boxed{11}$

①　銅 Cu に希塩酸 dil. HCl を加える。

②　カルシウム Ca に水 H_2O を加える。

③　ナトリウム Na にエタノール C_2H_5OH を加える。

④　アルミニウム Al に水酸化ナトリウム水溶液 NaOH aq を加える。

⑤　白金電極（platinum electrode）を用いて，水酸化ナトリウム水溶液を電気分解（electrolysis）する。

問 12　次の操作 **a**～**f** の中に，化学反応（chemical reaction）が<u>進行しないもの</u>が二つある。それらの組み合わせを，下の①～⑥の中から一つ選びなさい。　**12**

a　リチウム Li に水 H_2O を加える。

b　亜鉛 Zn に塩酸 HCl aq を加える。

c　銀 Ag に塩酸を加える。

d　銅 Cu に希硝酸 dil. HNO_3 を加える。

e　銅に硝酸銀水溶液 $AgNO_3$ aq を加える。

f　白金 Pt に硫酸鉄(Ⅱ)水溶液 $FeSO_4$ aq を加える。

①　**a**, **e**　　②　**b**, **e**　　③　**b**, **f**　　④　**c**, **d**　　⑤　**c**, **f**　　⑥　**d**, **e**

問 13　次の反応 **a**～**d** の中に，水が酸（acid）としてはたらいているものが二つある。それらの組み合わせとして正しいものを，下の①～⑥の中から一つ選びなさい。　**13**

a　$HCl + H_2O \longrightarrow H_3O^+ + Cl^-$

b　$NH_3 + H_2O \longrightarrow NH_4^+ + OH^-$

c　$2Na + 2H_2O \longrightarrow 2NaOH + H_2$

d　$CaO + H_2O \longrightarrow Ca(OH)_2$

①　**a**, **b**　　②　**a**, **c**　　③　**a**, **d**　　④　**b**, **c**　　⑤　**b**, **d**　　⑥　**c**, **d**

問14　二酸化硫黄 SO_2 に関する次の記述①～⑤のうち，**誤っているもの**を一つ選びなさい。

14

① SO_2 は酸化作用（oxidizing property）によって色素（pigment）を漂白（bleaching）する。

② SO_2 を硫化水素水 H_2S aq に通じると，液が白濁（turbid and white）する。

③ SO_2 は無色（colorless）で刺激臭（irritating smell）をもつ有毒（poisonous）な気体である。

④ SO_2 は水に溶けて弱い酸性（acidic）を示す。

⑤ 硫酸酸性（acidified with sulfuric acid）の過マンガン酸カリウム水溶液 $KMnO_4$ aq に SO_2 を通じると，過マンガン酸カリウムの赤紫色（red-purple）が消える。

問15　ある金属イオン（metal ion）を1種類含む無色（colorless）の水溶液がある。この水溶液は次の **a**～**c** の性質を示した。この水溶液に含まれる金属イオンは何か。下の①～⑥の中から一つ選びなさい。

15

a　水酸化ナトリウム水溶液 NaOH aq を加えていくと，沈殿（precipitate）を生じたが，さらに加えると沈殿は溶解（dissolve）した。

b　アンモニア水 NH_3 aq を加えていくと，沈殿を生じたが，さらに加えると沈殿は溶解した。

c　塩化ナトリウム水溶液 NaCl aq を加えても，沈殿を生じなかった。

①　Ag^+　　②　Ca^{2+}　　③　Mg^{2+}　　④　Pb^{2+}　　⑤　Zn^{2+}　　⑥　Al^{3+}

問 16　次の文章中の空欄　A　，　B　にあてはまる数の組み合わせとして正しいものを，
下表の①～⑥の中から一つ選びなさい。　16

分子式 C_3H_5Br で示される化合物の異性体（isomer）のうち，炭素－炭素二重結合
（carbon-carbon double bond）を一つもつ化合物の数は　A　である。この異性体の中には，
二重結合に臭素 Br_2 を付加（addition）させると，不斉炭素原子（asymmetric carbon atom）
をもつ生成物（product）を与えるものがある。そのような生成物を与える異性体の数は
　B　である。

	A	B
①	3	1
②	3	2
③	4	1
④	4	2
⑤	5	1
⑥	5	2

問 17　エチレン（エテン）（ethylene　(ethene)）に関する次の記述①～④のうち，正しいもの
　　　を一つ選びなさい。　　　　　　　　　　　　　　　　　　　　　　　　　　**17**

①　エチレンは無色（colorless）の気体で，水によく溶ける。

②　臭素水（bromine water）にじゅうぶんな量のエチレンを通じると，臭素水の色が
　　消える。

③　硫酸酸性（acidified with sulfuric acid）の過マンガン酸カリウム水溶液　$KMnO_4$ aq　に
　　じゅうぶんな量のエチレンを通じると，過マンガン酸イオン　MnO_4^-　が酸化
　　（oxidation）されて色が消える。

④　エチレンが縮合重合（condensation polymerization）すると，ポリエチレン（polyethylene）
　　が生じる。

問 18　次表の **A** 欄に示した反応の生成物（product）を **B** 欄に示した。**B** 欄が<u>誤っているもの</u>を，次表の①〜⑥の中から一つ選びなさい。　　**18**

	A	B
①	CH_4 $\xrightarrow{\text{Cl}_2,\ \text{光}}$	CCl_4
②	CaC_2 $\xrightarrow{\text{H}_2\text{O}}$	$HC\equiv CH$
③	$CH_3-\overset{O}{\overset{\|}{C}}-OH$ $CH_3-\overset{}{\underset{\|}{\underset{O}{C}}}-OH$ $\xrightarrow[\text{加熱}]{\substack{\text{脱水剤}\\(\text{dehydrating agent})}}$	$CH_3-\overset{O}{\overset{\|}{C}}$ $CH_3-\underset{\|}{\underset{O}{C}}$ O
④	⌬ $\xrightarrow{\text{HNO}_3,\ \text{H}_2\text{SO}_4}$	⌬$-SO_3H$
⑤	⌬$-OH$ $\xrightarrow{\text{NaOH aq}}$	⌬$-ONa$
⑥	⌬$\overset{-OH}{-COOH}$ $\xrightarrow{\text{CH}_3\text{OH},\ \text{H}_2\text{SO}_4}$	⌬$\overset{-OH}{-COOCH_3}$

問 19　化合物 **A** は，分子量（molecular weight）80 の環式不飽和炭化水素（cyclic unsaturated hydrocarbon）である。

　　　A に触媒（catalyst）を用いて水素 H_2 を付加（addition）させたところ，環式飽和炭化水素（cyclic saturated hydrocarbon）が得られた。その分子量は 84 であった。

　　　また，**A** をじゅうぶんな量の臭素 Br_2 と反応させると，環式飽和炭化水素の臭化物（bromide）が得られた。その分子量として最も近い値を，次の①～⑥の中から一つ選びなさい。　**19**

①　160　　　　②　240　　　　③　320　　　　④　400　　　　⑤　480　　　　⑥　600

問 20　次の高分子化合物（polymer compound）**a**～**e** の中に，合成するときにホルムアルデヒド（formaldehyde）を用いるものが二つある。それらの組み合わせとして正しいものを，下の①～⑧の中から一つ選びなさい。　**20**

a　フェノール樹脂（phenol resin）

b　ポリエチレンテレフタラート（poly(ethylene terephthalate)）

c　ポリスチレン（polystyrene）

d　ビニロン（vinylon）

e　ポリ塩化ビニル（poly(vinyl chloride)）

①　**a**, **b**　　　②　**a**, **d**　　　③　**a**, **e**　　　④　**b**, **c**

⑤　**b**, **d**　　　⑥　**b**, **e**　　　⑦　**c**, **d**　　　⑧　**d**, **e**

化学の問題はこれで終わりです。解答欄の **21** ～ **75** はマークしないでください。

解答用紙の科目欄に「化学」が正しくマークしてあるか，もう一度確かめてください。

この問題冊子を持ち帰ることはできません。

生物

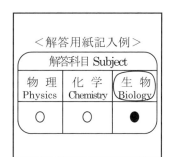
問1 次の図は,細胞内のエネルギー代謝(energy metabolism)に関与しているATPの構造を模式的に示したものである。図中の **A～E** の名称の組み合わせとして正しいものを,下の①～⑥の中から一つ選びなさい。 　 $\boxed{1}$

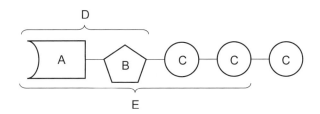

	A	B	C	D	E
①	リボース	アデノシン	リン酸	アデニン	ADP
②	リボース	リン酸	ADP	アデノシン	アデニン
③	アデニン	ADP	アデノシン	リボース	リン酸
④	アデニン	リボース	リン酸	アデノシン	ADP
⑤	リン酸	ADP	リボース	アデニン	アデノシン
⑥	リン酸	アデニン	リボース	ADP	アデノシン

リボース (ribose), アデノシン (adenosine), リン酸 (phosphate), アデニン (adenine)

問2　次の表は，真核細胞（eukaryotic cell）と原核細胞（prokaryotic cell）に含まれる構造の有無を示したものである。＋は存在する，－は存在しないことを示す。表中の A～C にあてはまる構造の正しい組み合わせを，下の①～⑥の中から一つ選びなさい。　　$\boxed{2}$

細胞 \ 構造	真核細胞		原核細胞
	動物	植物	
細胞膜	＋	＋	＋
A	＋	＋	－
B	－	＋	＋
C	－	＋	－

細胞膜（cell membrane）

	A	B	C
①	葉緑体	細胞壁	ミトコンドリア
②	葉緑体	ミトコンドリア	核膜
③	ミトコンドリア	葉緑体	核膜
④	ミトコンドリア	細胞壁	葉緑体
⑤	細胞壁	ミトコンドリア	葉緑体
⑥	細胞壁	葉緑体	ミトコンドリア

葉緑体（chloroplast），細胞壁（cell wall），ミトコンドリア（mitochondria），核膜（nuclear membrane）

問 3 次の a～c の反応は,植物の光合成(photosynthesis)における光化学系 I (photosystem I),
光化学系 II (photosystem II),カルビン・ベンソン回路(Calvin-Benson cycle)の過程でお
こなわれている。それぞれの過程でおこなわれている反応をすべて選び,その正しい組み合
わせを,下の①～⑥の中から一つ選びなさい。 【3】

a : CO_2 を還元(reduction)し,有機物(organic compound)を合成する。

b : H_2O の電子(e^-)を受け渡し,O_2 を放出する。

c : 光エネルギーを吸収する。

	光化学系 I	光化学系 II	カルビン・ベンソン回路
①	a	b, c	c
②	a, b	c	a, c
③	b	b, c	a
④	b, c	c	a, b
⑤	c	a, c	b
⑥	c	b, c	a

問 4 多くの生物は,空気中の遊離窒素(N_2)を直接利用することはできない。しかし,この
窒素を NH_4^+ に還元(reduction)できる生物がおり,この働きを窒素固定(nitrogen fixation)
という。窒素固定をおこなう生物の正しい組み合わせを,次の①～⑤の中から一つ選びなさ
い。 【4】

① 亜硝酸菌(nitrite forming bacteria),硝酸菌(nitrate forming bacteria),根粒菌(root
nodule bacteria),ネンジュモ(nostoc)

② 亜硝酸菌,クロストリジウム(clostridium),アゾトバクター(azotobacter),ネンジュ
モ

③ ネンジュモ,クロストリジウム,アゾトバクター,根粒菌

④ 硝酸菌,アゾトバクター,ネンジュモ,根粒菌

⑤ 亜硝酸菌,根粒菌,ネンジュモ,クロストリジウム

問5　真核生物（eukaryote）の DNA には，翻訳（translation）される部分と翻訳されない部分とがある。それぞれの名称の正しい組み合わせを，次の①〜⑥の中から一つ選びなさい。

5

	翻訳される部分	翻訳されない部分
①	コドン	エキソン
②	コドン	イントロン
③	エキソン	コドン
④	エキソン	イントロン
⑤	イントロン	コドン
⑥	イントロン	エキソン

コドン（codon），エキソン（exon），イントロン（intron）

問 6　次の文 I ～Ⅲは，PCR（ポリメラーゼ連鎖反応，polymerase chain reaction）法の原理を説明したものである。文中の空欄 a ～ c にあてはまる語句の正しい組み合わせを，下の①～⑥の中から一つ選びなさい。　　　　　　　　　　　　　　　　　　　　　　 **6**

I　目的の DNA を含む水溶液を約 95℃に加熱して，塩基（base）どうしの a を切り，2 本鎖 DNA を 1 本鎖 DNA に分離する。

Ⅱ　温度を約 55℃にして，増幅させたい DNA 領域の 3′末端に，その部分と相補的（complementary）な塩基配列（base sequence）をもつ b を結合させる。

Ⅲ　温度を約 72℃とし， b に続く DNA を c によって合成させる。

	a	b	c
①	水素結合	mRNA	DNA リガーゼ
②	水素結合	プライマー	DNA ポリメラーゼ
③	水素結合	tRNA	DNA ポリメラーゼ
④	S－S 結合	mRNA	DNA リガーゼ
⑤	S－S 結合	プライマー	DNA ポリメラーゼ
⑥	S－S 結合	tRNA	DNA ポリメラーゼ

水素結合（hydrogen bond），DNA リガーゼ（DNA ligase），プライマー（primer），
DNA ポリメラーゼ（DNA polymerase），S－S 結合（S－S bond）

問7　次の図は，ある生物の体細胞（somatic cell）の染色体（chromosome）を示した模式図である。この染色体には，2組の対立遺伝子（allele）A（a），B（b）があり，遺伝子AとB，遺伝子aとbが連鎖（linkage）している。この生物の配偶子形成（gametogenesis）で，遺伝子の組換え（recombination）がおこった場合に，これらの遺伝子について配偶子（gamete）の遺伝子型（genotype）で新たに生じるものと，その組換えが生じる時期の組み合わせとして正しいものを，下の①～⑧の中から一つ選びなさい。　　7

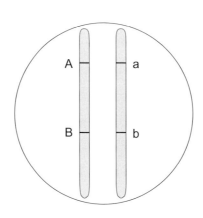

	配偶子の遺伝子型で新たに生じるもの	組換えが生じる時期
①	AA，BB	減数第一分裂
②	AA，BB	減数第二分裂
③	Aa，Bb	減数第一分裂
④	Aa，Bb	減数第二分裂
⑤	AB，ab	減数第一分裂
⑥	AB，ab	減数第二分裂
⑦	Ab，aB	減数第一分裂
⑧	Ab，aB	減数第二分裂

減数第一分裂（meiosis I），減数第二分裂（meiosis II）

問8　次の図は，カエル（frog）の原腸胚（gastrula）中期の断面図を模式的に示したものである。図中のA〜Cは，それぞれ何を表しているか。正しい組み合わせを，下の①〜⑥の中から一つ選びなさい。　　　　　　　　　　　8

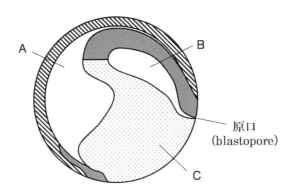

	A	B	C
①	胞胚腔	原腸	内胚葉
②	胞胚腔	腸管	内胚葉
③	原腸	胞胚腔	中胚葉
④	原腸	腸管	中胚葉
⑤	腸管	胞胚腔	内胚葉
⑥	腸管	原腸	内胚葉

胞胚腔（blastocoel），原腸（archenteron），
内胚葉（endoderm），腸管（intestinal tract），
中胚葉（mesoderm）

問9　次の図は，被子植物（angiosperms）の配偶子形成（gametogenesis）で，花粉（pollen grain）と胚のう（embryo sac）ができる過程を模式的に示したものである。図中の A～I のうち，減数分裂（meiosis）がおこるところはどれか。また，40 個の種子が形成されるのに必要な胚のう母細胞（embryo sac mother cell）の数はいくつか。正しい組み合わせを，下の①～⑧の中から一つ選びなさい。ただし，受精（fertilization）はすべて成立するものとする。　**9**

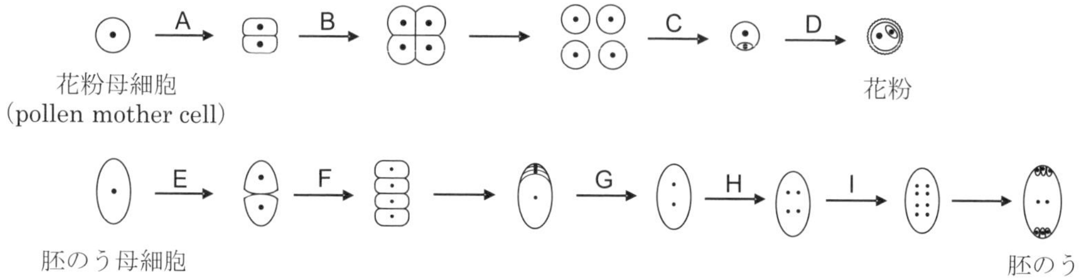

	減数分裂がおこるところ	胚のう母細胞の数
①	A，B と E，F	10
②	A，B と E，F	40
③	A，B と G，H	10
④	A，B と G，H	40
⑤	C，D と E，F	10
⑥	C，D と E，F	40
⑦	C，D と H，I	10
⑧	C，D と H，I	40

問 10 次の図は，ヒトの循環系（circulatory system）の模式図で，A〜F は血管を示し，矢印は血液の流れる方向を示している。下の I 〜Ⅲは，A〜F の血管に流れている血液の特徴のいずれかについて述べたものである。 I 〜Ⅲの血液が流れている血管を A〜F のうちからそれぞれ選び，その正しい組み合わせを，下の①〜⑧の中から一つ選びなさい。 $\boxed{10}$

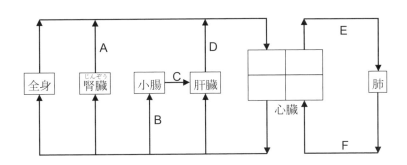

腎臓（kidney），小腸（small intestine），肝臓（liver），肺（lung）

I ：尿素（urea）などの窒素（N）を含む不要物が一番少ない血液

Ⅱ：食事の直後に，グルコース（glucose）を最も多く含む血液

Ⅲ：酸素（O₂）を最も多く含む血液

	I	Ⅱ	Ⅲ
①	A	B	E
②	A	B	F
③	A	C	E
④	A	C	F
⑤	D	B	E
⑥	D	B	F
⑦	D	C	E
⑧	D	C	F

問 11 次の文 a〜d は，ヒトの自律神経系（autonomic nervous system）について述べたものである。正しいものを二つ選び，その組み合わせを，下の①〜⑥の中から一つ選びなさい。

a 立毛筋（arrector pili muscle）には，交感神経（sympathetic nerve）と副交感神経（parasympathetic nerve）の両方が分布している。

b 胃腸（gastro-intestine）のぜん動（peristalsis）は，交感神経が働くと促進され，副交感神経が働くと抑制される。

c 交感神経は，脊髄（spinal cord）から出ている。

d 自律神経系の中枢（center）は，間脳（diencephalon）の視床下部（hypothalamus）にある。

① a, b   ② a, c   ③ a, d   ④ b, c   ⑤ b, d   ⑥ c, d

問 12 次の図は，ヒトの耳にあるうずまき管（cochlea）を模式的に引き伸ばして示したものである。これに関する下の問い(1)，(2)に答えなさい。

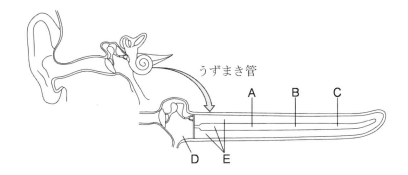

うずまき管

(1) 図中のA〜Cの部分で受容する音の高低（振動数，frequency）を高いものから順に並べると，どのようになるか。次の①〜⑥の中から，正しいものを一つ選びなさい。 **12**

① A→B→C   ② A→C→B   ③ B→A→C

④ B→C→A   ⑤ C→A→B   ⑥ C→B→A

(2) 図中のDとEの部分を満たしているものは何か。正しい組み合わせを，次の①〜⑥の中から一つ選びなさい。 **13**

	D	E
①	リンパ液	血液
②	リンパ液	空気
③	リンパ液	リンパ液
④	空気	血液
⑤	空気	空気
⑥	空気	リンパ液

リンパ液（lymph）

問13 次の図は,筋収縮（muscle contraction）に関わるアクチンフィラメント（actin filament）の模式図である。下の文 **a**〜**e** は,筋収縮の過程の一部を示したものである。文を進行順に並べると,どのようになるか。図を参考にして,正しいものを下の①〜⑥の中から一つ選びなさい。　14

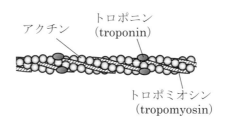

a　トロポミオシンの構造が変化して,アクチンがミオシン（myosin）と結合できるようになる。

b　Ca^{2+} がトロポニンに結合する。

c　筋小胞体（sarcoplasmic reticulum）に興奮（excitation）が伝えられ,筋小胞体から Ca^{2+} が細胞内に放出される。

d　トロポニンの構造が変化して,トロポミオシンの構造が変化する。

e　筋収縮が始まる。

①　a → b → c → d → e

②　a → c → b → d → e

③　b → a → d → c → e

④　b → c → d → a → e

⑤　c → a → b → d → e

⑥　c → b → d → a → e

問 14 次の文は，イネ（rice）の種子の発芽（germination）に関するものである。文中の空欄 a ，

b にあてはまる語句の正しい組み合わせを，下の①〜⑥の中から一つ選びなさい。 **15**

　種子の発芽のとき，胚(はい)（embryo）から植物ホルモン（plant hormone）である a が分

泌（secretion）される。 a は種皮（seed coat）の内側の組織（糊粉層(こふんそう)，aleurone layer）

に働きかけてアミラーゼ（amylase）の合成を促進させる。アミラーゼは胚乳（endosperm）

中の栄養分を分解し，胚はそれを吸収することにより代謝（metabolism）が活発となる。

　 a とは反対に種子の発芽を抑制する植物ホルモンとして b が知られている。

	a	b
①	アブシシン酸	オーキシン
②	アブシシン酸	ジベレリン
③	ジベレリン	アブシシン酸
④	ジベレリン	オーキシン
⑤	オーキシン	アブシシン酸
⑥	オーキシン	ジベレリン

アブシシン酸（abscisic acid），オーキシン（auxin），
ジベレリン（gibberellin）

問 15 生物が出生してから時間経過とともに生存個体数がどのように減っていくかをグラフで示したものを，生存曲線（survivorship curve）という。生存曲線の形は，種によって異なり，次の図のように，A〜C の三つのタイプに大別される。生涯のうちで，初期（年齢が若いとき）の死亡率が高く，その後，後期（年齢が進んだとき）の死亡率が低くなるものは，下の x，y の生物のどれか。また，それは A〜C の曲線のどれか。正しい組み合わせを，下の①〜⑥の中から一つ選びなさい。　　　16

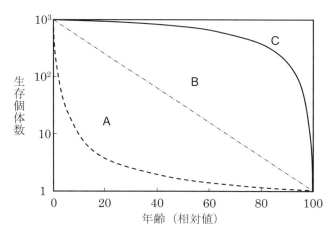

生存曲線は出生個体数を 1000 個体に換算したものである。

x　　サル（monkey）やミツバチ（honey bee）

y　　イワシ（sardine）やカキ（oyster）

	生物	曲線
①	x	A
②	x	B
③	x	C
④	y	A
⑤	y	B
⑥	y	C

問16 次の表は，ある生態系（ecosystem）におけるエネルギー収支（energy balance, J/cm²·年）を栄養段階（trophic level）ごとに示したものである。ただし，不消化排出量（excretion）は無視できる量なので記していない。なお，生産者（producer）の総生産量（gross primary productivity）は 467.6 J/cm²·年であった。生産者の純生産量（net primary production, J/cm²·年）と表中の ☐ a にあてはまる数値の組み合わせとして正しいものを，下の①～⑥の中から一つ選びなさい。 **17**

栄養段階	被食量	枯死・死亡量	呼吸量	成長量
生産者	62.2	11.8	98.3	295.3
一次消費者	13.0	1.3	18.3	a
二次消費者	0	少量	7.6	5.4

被食量（feeding），枯死・死亡量（dead plant tissue・death），
呼吸量（respiration），成長量（growth），一次消費者（primary consumer），
二次消費者（secondary consumer）

	純生産量	a
①	172.3	7.8
②	172.3	29.6
③	369.3	29.6
④	369.3	47.9
⑤	405.4	47.9
⑥	405.4	49.2

問 17 次の図は，植物の系統（phylogeny）を簡単に示したものである。下の文 x〜z は，図にある植物がもつ特徴を示している。図中の A〜C にあてはまるものはそれぞれどれか。正しい組み合わせを，下の①〜⑥の中から一つ選びなさい。　**18**

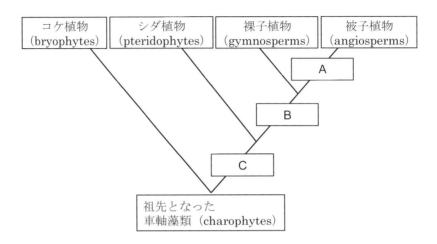

x　根・茎・葉の区別があり，茎には維管束（vascular bundle）をもつ。

y　胚珠_{はいしゅ}（ovule）が子房（ovary）で包まれている。

z　種子を形成する。

	A	B	C
①	x	y	z
②	x	z	y
③	y	x	z
④	y	z	x
⑤	z	x	y
⑥	z	y	x

生物の問題はこれで終わりです。解答欄の **19** ～ **75** はマークしないでください。
解答用紙の科目欄に「生物」が正しくマークしてあるか，もう一度確かめてください。

この問題冊子を持ち帰ることはできません。

2021年度　日本留学試験

総合科目

（８０分）

Ⅰ　試験全体に関する注意

1．係員の許可なしに，部屋の外に出ることはできません。

2．この問題冊子を持ち帰ることはできません。

Ⅱ　問題冊子に関する注意

1．試験開始の合図があるまで，この問題冊子の中を見ないでください。

2．試験開始の合図があったら，下の欄に，受験番号と名前を，受験票と同じ
ように記入してください。

3．この問題冊子は，27ページあります。

4．足りないページがあったら，手をあげて知らせてください。

5．問題冊子には，メモや計算などを書いてもいいです。

Ⅲ　解答用紙に関する注意

1．解答は，解答用紙に鉛筆（ＨＢ）で記入してください。

2．各問題には，その解答を記入する行の番号 $\boxed{1}$ ， $\boxed{2}$ ， $\boxed{3}$ ，…がつい
ています。解答は，解答用紙（マークシート）の対応する解答欄にマークし
てください。

3．解答用紙に書いてある注意事項も必ず読んでください。

※　試験開始の合図があったら，必ず受験番号と名前を記入してください。

受 験 番 号			＊				＊					
名　　　前												

問1　次の文章を読み，下の問い(1)～(4)に答えなさい。

　ドイツ（Germany）は第二次世界大戦後，東ドイツと西ドイツという二つの国家に分かれていたが，₁1990年に再び統一国家となった。首都₂ベルリン（Berlin）は，現在350万人を超える人口を擁し，ドイツ最大の都市である。

　₃政治体制は，連邦政府と16の州政府の権限が明確に分けられた連邦制を採用している。

　経済面では，ドイツのGDP（国内総生産）はEU（欧州連合）域内で最大である。また，₄ドイツは貿易を活発におこなっており，貿易額は世界第3位，貿易黒字額は世界第2位である。

(1)　下線部1に関して，ドイツ再統一前後に起こった次の出来事A～Cを年代順に並べたものとして正しいものを，下の①～④の中から一つ選びなさい。　　　　1

　　A：マルタ会談（Malta Summit）
　　B：ソ連（USSR）の消滅
　　C：ベルリンの壁崩壊

　　①　A → B → C
　　②　A → C → B
　　③　C → A → B
　　④　C → B → A

(2) 下線部2に関して，ベルリンの位置として正しいものを，次の地図中の①～④の中から一つ選びなさい。　　**2**

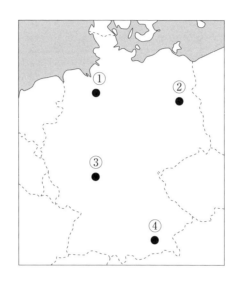

(3) 下線部3に関して，ドイツの政治体制に関する記述として最も適当なものを，次の①～④の中から一つ選びなさい。　　**3**

① 連邦政府においては連邦大統領が外交を担当し，連邦首相が内政を担当している。

② 大統領を置かず，連邦首相と各州の首相が強大な権力を持っている。

③ 連邦大統領は国民の直接選挙で選出され，国家元首として強大な権力を持つ。

④ 連邦議会で選出される連邦首相が政治的権限を有し，連邦大統領は形式的存在である。

⑷　下線部 4 に関して，ドイツの主な輸出品の組み合わせとして最も適当なものを，次
　　の①～④の中から一つ選びなさい。　　　　　　　　　　　　　　　　　　　　　　**4**

　　①　野菜・果実，衣類

　　②　酪農品，肉類

　　③　機械類，自動車

　　④　石油製品，機械類

問2　次の文章を読み，下の問い(1)〜(4)に答えなさい。

　石炭は大昔の植物が堆積し，長期間の炭化作用を受けて生成されたものである。石炭は 1古期造山帯に比較的多く分布している。産業革命以降，石炭はエネルギー源の中心となり，石炭をめぐって国家間の争いが生じることもあった。EUの母体である 2ECSC（欧州石炭鉄鋼共同体）の設立には，石炭や鉄鋼の生産のすべてを共通の高等機関の管理下に置くことで，そのような争いを防ぐという目的もあった。

　石油や天然ガスに比べて， 3石炭は可採埋蔵量が多く，その分布に地域的な偏りが少ないという利点を持つ。一方で，単位重量当たりの発熱量が相対的に低かったり，環境への負荷が大きかったりする問題点もある。このような理由から，石炭はエネルギー源の中心的地位を降りることとなった。しかし， 4二度の石油危機によって原油価格が高騰したことで，改めて石炭が見直されるようになった。今日では，石炭の環境負荷を減らすための技術開発も進められている。

(1)　下線部1に関して，古期造山帯に属している山脈として最も適当なものを，次の①〜④の中から一つ選びなさい。　　　5

①　アンデス山脈（Andes Mountains）

②　アルプス山脈（Alps）

③　アトラス山脈（Atlas Mountains）

④　アパラチア山脈（Appalachian Mountains）

⑵　下線部2に関して，ECSCの設立を主導した国の組み合わせとして最も適当なもの
　　を，次の①〜④の中から一つ選びなさい。　　　　　　　　　　　　　　　　**6**

　　①　フランス（France）と西ドイツ

　　②　イギリス（UK）とスペイン（Spain）

　　③　イギリスと西ドイツ

　　④　フランスとスペイン

(3) 下線部 3 に関して，次の表は，石炭の生産量，可採埋蔵量，輸出量の上位 5 か国と
それぞれの世界計に占める割合を示したものである。A～D に当てはまる国名の組み
合わせとして正しいものを，下の①～④の中から一つ選びなさい。なお，生産量と輸
出量は 2017 年の数値であり，可採埋蔵量は 2014 年末の数値である。 **7**

単位：%

	生産量		可採埋蔵量		輸出量	
1	A	54.7	C	31.9	インドネシア	29.2
2	インド	10.5	A	17.8	B	28.4
3	インドネシア	7.2	インド	12.2	D	13.6
4	B	6.4	D	10.0	コロンビア	7.7
5	C	5.0	B	8.9	C	6.0

『世界国勢図会 2020/21年版』より作成

注) 中国 (China) の生産量は褐炭を含む。

	A	B	C	D
①	中国	オーストラリア	アメリカ	ロシア
②	中国	オーストラリア	ロシア	アメリカ
③	オーストラリア	中国	アメリカ	ロシア
④	オーストラリア	中国	ロシア	アメリカ

注) インド (India)，インドネシア (Indonesia)，コロンビア (Colombia)，
オーストラリア (Australia)，アメリカ (USA)，ロシア (Russia)

⑷ 下線部 4 に関して，二度の石油危機それぞれのきっかけの組み合わせとして最も適当なものを，次の①〜④の中から一つ選びなさい。 　 **8**

	第一次石油危機	第二次石油危機
①	第二次中東戦争	湾岸戦争
②	第二次中東戦争	イラン革命
③	第四次中東戦争	湾岸戦争
④	第四次中東戦争	イラン革命

注）　第一次石油危機（First Oil Crisis），第二次石油危機（Second Oil Crisis），
　　　第二次中東戦争（Suez Crisis），湾岸戦争（Gulf War），イラン革命（Iranian Revolution），
　　　第四次中東戦争（Yom Kippur War/October War）

問3　次の文章中の空欄　a　，　b　に当てはまる経済学者の組み合わせとして最も適当なものを，下の①～④の中から一つ選びなさい。　**9**

　　a　は，中央銀行が自ら示したルールに従って金融政策を実施することが，マクロ経済の安定にとって重要であると主張した。経済政策はルールに基づいてなされるべきとする思想は，景気に応じて当局が裁量的に需要を管理すべしという　b　が唱えた思想に対立するものであった。

	a	b
①	フリードマン	マルクス
②	フリードマン	ケインズ
③	シュンペーター	マルクス
④	シュンペーター	ケインズ

注）　フリードマン（Milton Friedman），マルクス（Karl Marx），ケインズ（John Maynard Keynes），
　　　シュンペーター（Joseph Alois Schumpeter）

問4 ある消費財について，市場全体の供給曲線は，次の実線Aで示されているものとする。今，供給者である企業に対して当該財の販売1単位当たりX円の間接税が課され，結果として，供給曲線が破線Bへとシフトしたとする。この場合の課税の予想される効果として最も適当なものを，下の①～④の中から一つ選びなさい。なお，需要曲線の形状は，通常の右下がりのものとする。

10

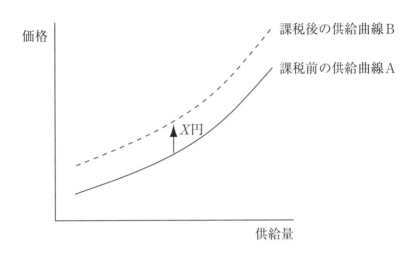

① 販売総額は税込で増加する。

② 販売量は減少する。

③ 供給量は増加する。

④ 販売価格は税込でX円上昇する。

問5　ある一定期間における経済活動の量は，フローと呼ばれる。他方，それが蓄積したものはストックと呼ばれる。フローとストックの変数の組み合わせとして**適当でないもの**を，次の①～④の中から一つ選びなさい。　　　**11**

	フロー	ストック
①	利子収入	預金金利
②	財政赤字	国債残高
③	経常収支	対外純資産
④	設備投資	資本ストック

問6　寡占市場に関する記述として最も適当なものを，次の①～④の中から一つ選びなさい。　　　**12**

① 参入が容易な産業で生じやすい。

② 価格が下がりにくい。

③ 過剰生産が生じやすい。

④ 料金を支払わない消費者を排除しにくい。

問7　日本の家計の金融資産構成に関する記述として最も適当なものを，次の①～④の中から一つ選びなさい。　13

①　株式の割合が最も多く，現金・預金の割合はそれに比べて少ない。

②　株式と現金・預金とが，ほぼ同じ割合で資産保有されている。

③　現金・預金以外の形態では，ほとんど資産保有がなされていない。

④　現金・預金の割合が最も多く，株式の割合はそれに比べて少ない。

問8　消費税に関して，所得税と比較した場合のその特徴に関する記述として最も適当なものを，次の①～④の中から一つ選びなさい。　14

①　税収が景気に影響されにくい。

②　徴税にかかる費用が高い。

③　所得の再分配効果が大きい。

④　税を負担する者と税を納める者が一致しやすい。

問9　次のグラフは，京浜・中京・阪神・北九州工業地帯（あるいは工業地域）の製造品
　　出荷額が日本全体の製造品出荷額に占める割合の推移（1950年～2017年）を示したも
　　のである。京浜工業地帯の推移を示したものを，次の①～④の中から一つ選びなさい。

15

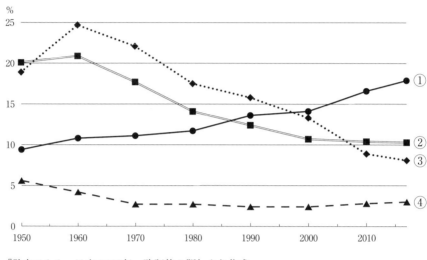

『数字でみる　日本の100年　改訂第7版』より作成

問10　次の表は，Ｘ国とＹ国で，財Ａと財Ｂをそれぞれ１単位生産するのに必要な労働者数を示したものである。Ｘ国はいずれの財においてもＹ国に対して絶対劣位にあるが，財Ａに関して比較優位を持つとする。その場合，αに当てはまる数値として最も適当なものを，下の①～④の中から一つ選びなさい。ただし，両財とも労働のみによって生産されるものとする。　16

単位：人

	Ｘ国	Ｙ国
財Ａ	20	15
財Ｂ	40	α

①　20

②　30

③　40

④　60

問11　第二次世界大戦後の発展途上国に関する記述として最も適当なものを，次の①～④の中から一つ選びなさい。　17

①　発展途上国間の経済協力を推進するための組織としてWTO（世界貿易機関）が設立された。

②　輸出を一次産品に依存する発展途上国が交易条件の悪化に苦しんだため，一般特恵関税制度が撤廃された。

③　累積債務問題に直面した国の中には，実際に対外債務のデフォルト（債務不履行）を宣言する国も現れた。

④　資源を有する国と資源を持たない国との対立が激化したため，国際連合（UN）の総会で資源ナショナリズムに反対する決議が採択された。

問12　次の図は，OECD（経済協力開発機構）加盟国およびBRICSについて，公的保健医療支出および私的保健医療支出（対GDP比：2013年）を国別で示したものである。アメリカに当てはまるものを，下の①～④の中から一つ選びなさい。　18

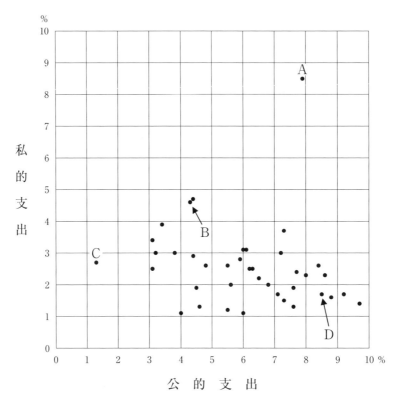

『図表でみる世界の主要統計　OECDファクトブック（2015-2016年版)』より作成

①　A国

②　B国

③　C国

④　D国

問13　次のグラフは，2015年における大豆生産の上位４か国の生産量の推移（1965年から2015年まで５年ごと）を示したものである。グラフ中のＸ国に当てはまる国名として正しいものを，下の①～④の中から一つ選びなさい。　19

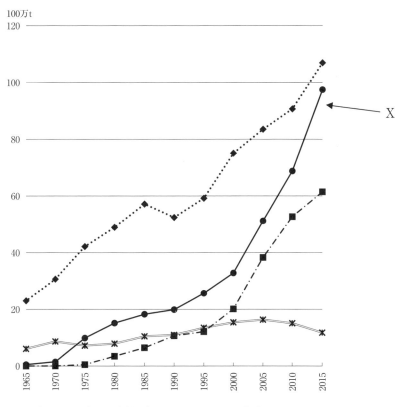

FAO（国際連合食糧農業機関）ウェブサイトより作成

①　中国

②　アメリカ

③　ブラジル（Brazil）

④　アルゼンチン（Argentina）

問14　次の地図は，オーストラリアを示したものである。また，下のハイサーグラフは，地図中のA〜Dの都市のものである。地図中のCの都市のハイサーグラフとして正しいものを，下の①〜④の中から一つ選びなさい。　**20**

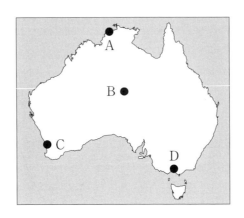

①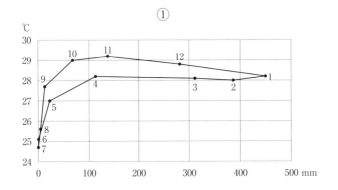

②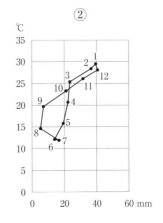

③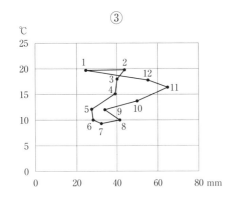

④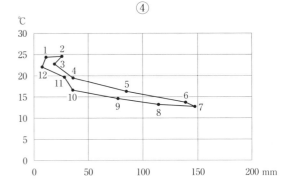

『理科年表　2021』より作成

問15 次の図は，北極点を中心にして経緯線を示したものである。黒丸（●）は，ロンド
ン（London），ニューオーリンズ（New Orleans），シドニー（Sydney），ダッカ
（Dhaka）のうち3都市を正しい位置に示しているが，1都市だけ実際の位置とは大
きく異なる場所に示している。その都市を，下の①〜④の中から一つ選びなさい。

21

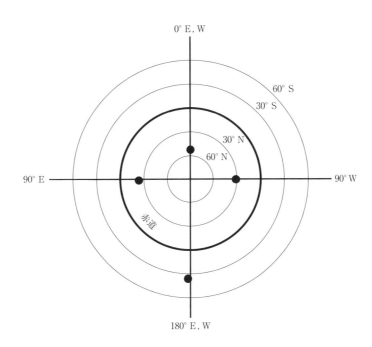

① ロンドン

② ニューオーリンズ

③ シドニー

④ ダッカ

問16　次の２万５千分の１の地形図に示す直線Ａ－Ｂ間の地形断面図として最も適当なも
のを，下の①～④の中から一つ選びなさい。　22

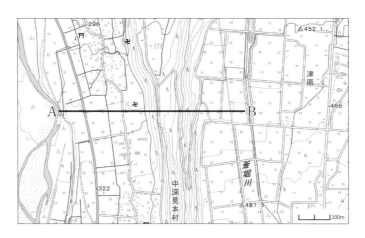

地理院地図より作成

① 　　　　　　　　　　　　　②

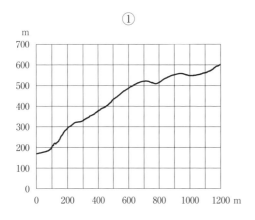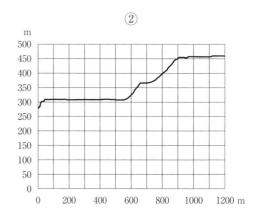

③ 　　　　　　　　　　　　　④

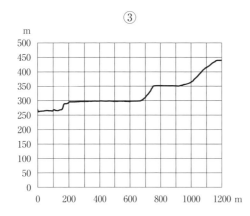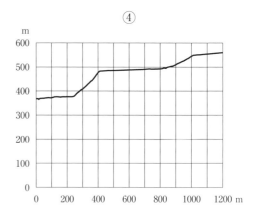

問17　世界の人口は過去50年間で約２倍になったが，その増加率は地域により違いがある。次の表は，地域別人口に関して，1970年から2020年までの間の増加率が大きい順に並べたものである。A〜Cに当てはまる地域名の組み合わせとして正しいものを，下の①〜④の中から一つ選びなさい。　**23**

単位：100万人

	1970年	2020年
A	363	1,341
B	287	654
アジア	2,142	4,641
オセアニア	20	43
C	231	369
ヨーロッパ	657	748
世界人口	3,700	7,795

『世界国勢図会　2020/21年版』より作成

	A	B	C
①	アフリカ	北アメリカ	ラテンアメリカ
②	アフリカ	ラテンアメリカ	北アメリカ
③	ラテンアメリカ	北アメリカ	アフリカ
④	ラテンアメリカ	アフリカ	北アメリカ

注）　アジア（Asia），オセアニア（Oceania），ヨーロッパ（Europe），アフリカ（Africa），北アメリカ（North America），ラテンアメリカ（Latin America）

注）　北アメリカは北部アメリカ，ラテンアメリカはカリブ海諸国（Caribbean nations），中央アメリカ（Central America）および南アメリカ（South America）を指す。

問18　次の地図は，ヨーロッパ諸国の2018年におけるある家畜の飼育頭数の上位4か国
（灰色で示した国）を示したものである。この家畜として最も適当なものを，下の
①～④の中から一つ選びなさい。なお，ロシアはヨーロッパに含めていない。　24

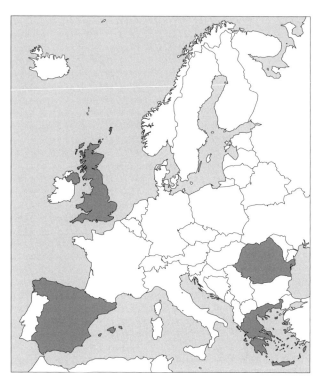

『世界国勢図会　2020/21年版』より作成

① 牛

② 豚

③ 鶏

④ 羊

問19　次の文を読み，文中の空欄　a　に当てはまる語として最も適当なものを，下の
　　　①～④の中から一つ選びなさい。　　　　　　　　　　　　　　　　　　　　**25**

　19世紀ドイツの思想家ラッサール（Ferdinand Lassalle）は，政府の役割を軍事・司
法・外交などの分野に限定する自由放任的な国家のあり方を　a　と呼んで批判した。

　　①　夜警国家

　　②　福祉国家

　　③　行政国家

　　④　立法国家

問20　日本の衆議院議員総選挙で採用されている小選挙区比例代表並立制に関する記述と
　　　して最も適当なものを，次の①～④の中から一つ選びなさい。　　　　　　　　**26**

　　①　比例代表においては，有権者は候補者か政党のどちらかに投票する。

　　②　比例代表は，日本全体を一つの選挙区としている。

　　③　小選挙区で選ばれる議員よりも比例代表で選ばれる議員の方が多い。

　　④　小選挙区と比例代表の両方に立候補する重複立候補が認められている。

問21　日本国憲法が規定している国会の機能に関する記述として最も適当なものを，次の
　　　①～④の中から一つ選びなさい。　　　　　　　　　　　　　　　　　　　　**27**

　　①　国の収入支出の決算を検査する。

　　②　内閣総理大臣を指名する。

　　③　条約を締結する。

　　④　法律や命令が憲法に反しないかを決定する。

問22　日本国憲法に定められた刑事事件の捜査や裁判の原則に関する記述として最も適当なものを，次の①～④の中から一つ選びなさい。　**28**

①　実行の時に適法であった行為が，後に違法となったとしても，さかのぼってその行為を罰することはできない。

②　一度無罪判決が出ると，被告人に不利益となる変更があってはいけないという趣旨から，その判決が確定する。

③　犯罪捜査のための逮捕・拘留といった強制処分には，現行犯以外は，警察の発行する令状を必要とする。

④　被害者とその遺族の人権を保護する観点から，殺人事件の現行犯で逮捕された者は，弁護人を依頼することはできない。

問23　「経済生活の秩序は，すべての者に人間たるに値する生活を保障する目的を持つ正義の原則に適合しなければならない」という文言によって，世界で初めて社会権を保障した憲法として正しいものを，次の①～④の中から一つ選びなさい。　**29**

①　日本国憲法

②　スターリン憲法（Stalin Constitution）

③　ワイマール憲法（Weimar Constitution）

④　アメリカ合衆国憲法（Constitution of the United States）

問24　日本国憲法の三大原則の一つに「基本的人権の尊重」がある。他方で，「公共の福祉に反しない限り」という形で基本的人権を制限することが許されている。そのような制限の例として最も適当なものを，次の①～④の中から一つ選びなさい。　30

①　証人の安全を図るため，政治犯罪に関する裁判を非公開にできる。

②　秩序を維持するため，出版物に対する検閲が許される。

③　有能な者を議員にするため，立候補者に試験を課すことができる。

④　道路やダムを建設するため，正当な補償の下に個人の土地を収用できる。

問25　国際的な環境保護の取り決めに関する記述として最も適当なものを，次の①～④の中から一つ選びなさい。　31

①　京都議定書は，特に水鳥の生息地として重要な湿地の保護を規定している。

②　ワシントン条約（Washington Convention）は，絶滅のおそれのある野生動植物の国際取引を規制している。

③　モントリオール議定書（Montreal Protocol）は，有害廃棄物の越境移動およびその処分を規制している。

④　バーゼル条約（Basel Convention）は，オゾン層を破壊する有害物質の生産を規制している。

問26　三十年戦争（Thirty Years' War）の最中の1625年に『戦争と平和の法』を著し，国家間の関係もまた人間の理性と自然法に基礎づけられた法によって律せられると唱えた学者は誰か。正しいものを，次の①～④の中から一つ選びなさい。　**32**

① ロック（John Locke）

② グロティウス（Hugo Grotius）

③ エドワード・コーク（Edward Coke）

④ モンテスキュー（Charles-Louis de Montesquieu）

問27　国際司法裁判所（ICJ）に関する記述として最も適当なものを，次の①～④の中から一つ選びなさい。　**33**

① 裁判の判決は法的拘束力を有し，当事国はそれに従わなければならない。

② 裁判所は紛争当事国の同意なしに強制的に裁判を始めることができる。

③ 紛争時の重大犯罪に関して，個人を訴追・処罰することを目的とする。

④ 当事者の合意で選ばれた裁判官から構成される世界初の国際裁判所である。

問28 18世紀にイギリスで始まった産業革命にともない，交通機関の改良も進んだ。イギリスにおけるその事例に関する記述として最も適当なものを，次の①～④の中から一つ選びなさい。 34

① 18世紀前半に蒸気船が発達したことで，運河網が整備された。

② 18世紀後半に発明された飛行機は，物資を短時間で輸送するのに役立った。

③ 19世紀前半に実用化された蒸気機関車は，その後急速に普及していった。

④ 19世紀後半に自動車の大量生産に成功したことで，多くの人が自動車を所有するようになった。

問29 アロー戦争（Second Opium War）の最中に，清と欧米列強の間で締結された天津条約（Treaty of Tientsin）の内容として最も適当なものを，次の①～④の中から一つ選びなさい。 35

① アヘン貿易の禁止

② キリスト教布教の自由

③ 上海（Shanghai）の開港

④ 欧米列強に対する最恵国待遇の承認

問30　1888年にドイツの皇帝に即位したヴィルヘルム2世（Wilhelm Ⅱ）の外交政策に
　　　関する記述として最も適当なものを，次の①〜④の中から一つ選びなさい。　**36**

①　スエズ運河（Suez Canal）を建設し，アジア諸国との交易の拡大を図った。

②　フランスを孤立させるため，ロシアとの間で再保障条約（Reinsurance Treaty）
　　を結んだ。

③　急速に海軍力を整備し，イギリスとの間で建艦競争を引き起こした。

④　植民地の獲得は目指さず，列強間の利害の調整を図る仲介人として振る舞った。

問31　1947年6月，アメリカ国務長官のマーシャル（George Catlett Marshall）は，ある
　　　計画を発表した。後に「マーシャル・プラン」と呼ばれたこの計画の内容として最も
　　　適当なものを，次の①〜④の中から一つ選びなさい。　**37**

①　日本に対する民主化計画

②　アジア諸国に対する開発援助計画

③　南アメリカ諸国に対する軍事同盟計画

④　ヨーロッパ諸国に対する経済復興援助計画

問32　次のグラフは，日本における電気冷蔵庫，電気洗濯機，白黒テレビ，乗用車の普及率を示したものである。乗用車の普及率を示したものを，次の①～④の中から一つ選びなさい。　<u>38</u>

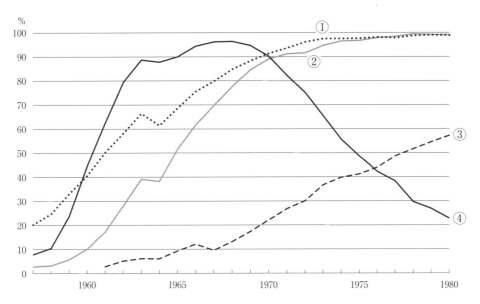

内閣府「消費動向調査」より作成

総合科目の問題はこれで終わりです。解答欄の　**39**　～　**60**　はマークしないでください。

この問題冊子を持ち帰ることはできません。

数 学 （８０分）

【コース１（基本, Basic）・コース２（上級, Advanced）】

※　どちらかのコースを一つだけ選んで解答してください。

Ⅰ　試験全体に関する注意

1．係員の許可なしに，部屋の外に出ることはできません。

2．この問題冊子を持ち帰ることはできません。

Ⅱ　問題冊子に関する注意

1．試験開始の合図があるまで，この問題冊子の中を見ないでください。

2．試験開始の合図があったら，下の欄に，受験番号と名前を，受験票と同じように記入してください。

3．コース１は１～13ページ，コース２は15～27ページにあります。

4．足りないページがあったら，手をあげて知らせてください。

5．メモや計算などを書く場合は，問題冊子に書いてください。

Ⅲ　解答方法に関する注意

1．解答は，解答用紙に鉛筆（ＨＢ）で記入してください。

2．問題文中の**A**，**B**，**C**，…には，それぞれ－（マイナスの符号），または，０から９までの数が一つずつ入ります。適するものを選び，解答用紙（マークシート）の対応する解答欄にマークしてください。

3．同一の問題文中に　**A**　，　**BC**　などが繰り返し現れる場合，２度目以降は， **A** ， **BC** のように表しています。

解答に関する記入上の注意

(1)　根号（$\sqrt{\ }$）の中に現れる自然数が最小となる形で答えてください。
（例：$\sqrt{32}$ のときは，$2\sqrt{8}$ ではなく $4\sqrt{2}$ と答えます。）

(2)　分数を答えるときは，符号は分子につけ，既約分数（reduced fraction）にして答えてください。
（例：$\dfrac{2}{6}$ は $\dfrac{1}{3}$，$-\dfrac{2}{\sqrt{6}}$ は $\dfrac{-2\sqrt{6}}{6}$ と分母を有理化してから約分し，$\dfrac{-\sqrt{6}}{3}$ と答えます。）

(3)　$\dfrac{\boxed{A}\sqrt{\boxed{B}}}{\boxed{C}}$ に $\dfrac{-\sqrt{3}}{4}$ と答える場合は，下のようにマークしてください。

(4)　$\boxed{DE}\,x$ に $-x$ と答える場合は，**D**を－，**E**を１とし，下のようにマークしてください。

【解答用紙】

A	●	⓪	①	②	③	④	⑤	⑥	⑦	⑧	⑨
B	⊖	⓪	①	②	●	④	⑤	⑥	⑦	⑧	⑨
C	⊖	⓪	①	②	●	④	⑤	⑥	⑦	⑧	⑨
D	●	⓪	①	②	③	④	⑤	⑥	⑦	⑧	⑨
E	⊖	⓪	●	②	③	④	⑤	⑥	⑦	⑧	⑨

4．解答用紙に書いてある注意事項も必ず読んでください。

※　試験開始の合図があったら，必ず受験番号と名前を記入してください。

受 験 番 号			＊				＊				
名　　　前											

数学 コース 1
（基本コース）

（コース2は **15** ページからです）

「解答コース」記入方法

　解答コースには「コース1」と「コース2」がありますので，どちらかのコースを <u>一つだけ</u> 選んで解答してください。「コース1」を解答する場合は，右のように，解答用紙の「解答コース」の「コース1」を ○ で囲み，その下のマーク欄をマークしてください。

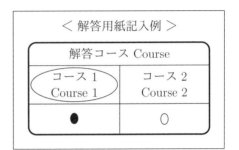

<u>選択したコースを正しくマークしないと，採点されません。</u>

I

問 1   2 つの 2 次関数

$$f(x) = -2x^2, \quad g(x) = x^2 + ax + b$$

を考える。関数 $g(x)$ は次の 2 つの条件を満たしている。

(i) $g(x)$ の値は $x = 3$ で最小になる。

(ii) $g(4) = f(4)$

(1)   条件 (i) より $a = -\boxed{\text{A}}$ である。さらに，条件 (ii) より $b = -\boxed{\text{BC}}$ を得る。したがって，関数 $g(x)$ の最小値は $-\boxed{\text{DE}}$ である。

(2) $f(x) = g(x)$ を満たす x で 4 と異なるものを求めよう。x は

$$x^2 - \boxed{\text{F}}\, x - \boxed{\text{G}} = 0$$

を満たすから，$x = -\boxed{\text{H}}$ である。

(3) $-\boxed{\text{H}} \leqq x \leqq 4$ において，$f(x) - g(x)$ の値は $x = \boxed{\text{I}}$ のとき最大になり，その値は $\boxed{\text{JK}}$ である。

- 計算欄 (memo) -

問 2　A と B の 2 人はともに 3 枚のカードが入っている袋をもっている。袋の中の 3 枚のカードには，それぞれ 1, 2, 3 の数字が 1 つずつ書かれている。2 人が同時に自分の袋から 1 枚のカードを取り出し，書かれている数の大きさで勝負を競う。同じ数が書かれたカードを取り出したときは引き分けとし，カードの数が異なるときは大きい数のカードを取り出した方を勝ちとする。

(1)　1 回の勝負で引き分けになる確率は $\dfrac{\boxed{\text{L}}}{\boxed{\text{M}}}$ である。

(2)　以下，この勝負を 4 回実行するとき，次の確率を求めよう。ただし，取り出したカードは毎回元の袋に戻すこととする。

(i)　A が 3 勝以上する確率は $\dfrac{\boxed{\text{N}}}{\boxed{\text{O}}}$ である。

(ii)　A が 1 勝 1 敗 2 引き分けになる確率は $\dfrac{\boxed{\text{P}}}{\boxed{\text{QR}}}$ である。

(iii)　A の勝つ回数と B の勝つ回数が同じになる確率は $\dfrac{\boxed{\text{ST}}}{\boxed{\text{UV}}}$ である。したがって，

A の勝つ回数が B の勝つ回数より多くなる確率は $\dfrac{\boxed{\text{WX}}}{\boxed{\text{UV}}}$ である。

- 計算欄 (memo) -

数学－6

II

問 1　以下の問いに答えよ。

(1)　次の 2 つの不等式

$$\frac{m}{3} < \sqrt{3} < \frac{n}{4}, \quad \frac{n}{3} < \sqrt{6} < \frac{m}{2}$$

を同時に満たす正の整数 m, n の値は

$$m = \boxed{\text{A}}, \quad n = \boxed{\text{B}}$$

である。

(2)　(1) の結果を用いて，次の 5 つの数 ① 〜 ⑤

① $\left(\sqrt{(-3)(-4)}\right)^3$ 　　② $6\sqrt{(-2)^3(-3)}$ 　　③ $\sqrt{\{(-4)(-3)^2\}^2}$

④ $(-1)^3\sqrt{\{(-2)^5\}^2}$ 　　⑤ $\left(\dfrac{5\sqrt{3}}{1-\sqrt{6}}\right)^2$

の大小を比較したい。

⑤ の分母を有理化すると

$$\left(\frac{5\sqrt{3}}{1-\sqrt{6}}\right)^2 = \boxed{\text{CD}} + \boxed{\text{E}}\sqrt{\boxed{\text{F}}}$$

である。5 つの数のうち，35 より大きい数は $\boxed{\text{G}}$ 個あり，負の数は $\boxed{\text{H}}$ 個ある。

特に，5 つの数を小さい順に ① 〜 ⑤ の番号で並べると

$$\boxed{\text{I}} < \boxed{\text{J}} < \boxed{\text{K}} < \boxed{\text{L}} < \boxed{\text{M}}$$

となる。

- 計算欄 (memo) -

問 2　関数 $f(x) = x^2 + ax + b$ は

(i)　$f(3) = 1$

(ii)　$13 \leqq f(-1) \leqq 25$

を満たしている。このとき，$f(x)$ の最小値 m を a の式で表そう。さらに，m の最大値と最小値を求めよう。

　条件 (i) より，a, b は

$$\boxed{\text{N}}\,a + b + \boxed{\text{O}} = 0$$

を満たす。これより，$f(x)$ は a を用いて

$$f(x) = x^2 + ax - \boxed{\text{P}}\,a - \boxed{\text{Q}}$$

と表される。よって，条件 (ii) より，a は

$$-\boxed{\text{R}} \leqq a \leqq -\boxed{\text{S}}$$

を満たす。

　一方，m は a を用いて

$$m = -\frac{1}{\boxed{\text{T}}}\left(a + \boxed{\text{U}}\right)^2 + \boxed{\text{V}}$$

と表される。

　したがって，m は $a = -\boxed{\text{W}}$ のとき最大値 $\boxed{\text{X}}$ をとり，$a = -\boxed{\text{Y}}$ のとき最小値 $\boxed{\text{Z}}$ をとる。

- 計算欄 (memo) -

III

正の整数 N を 5 進法と 9 進法で表すと，それぞれ 3 桁の数で数字の並ぶ順序が逆になる。このような整数 N を 10 進法と 4 進法で表そう。

N を 5 進法で表すと abc，9 進法で表すと cba であるとする。このとき

$$\boxed{A} \leqq a \leqq \boxed{B}, \quad \boxed{C} \leqq b \leqq \boxed{D}, \quad \boxed{E} \leqq c \leqq \boxed{F} \qquad \cdots\cdots\cdots \quad ①$$

である。また

$$N = \boxed{GH}a + \boxed{I}b + c = \boxed{JK}c + \boxed{L}b + a$$

であるから

$$b = \boxed{M}a - \boxed{NO}c \qquad \cdots\cdots\cdots \quad ②$$

を得る。

①，② を満たす a, b, c を求めると

$$a = \boxed{P}, \quad b = \boxed{Q}, \quad c = \boxed{R}$$

である。したがって，N を 10 進法で表すと $\boxed{STU}$ であり，4 進法で表すと $\boxed{VWXY}$ である。

注）p 進法：the base-p system，3 桁：3-digit

- 計算欄 (memo) -

IV

三角形 ABC において，$\angle B = 45°$，$\angle C = 75°$ とし，$\angle A$ の 2 等分線と辺 BC との交点を D とする。

(1) 正弦定理より

$$AC = \frac{\sqrt{\boxed{A}}}{\boxed{B}}\, BC, \qquad AD = \sqrt{\boxed{C}}\, BD$$

である。特に $\angle ADC = \boxed{DE}^{\circ}$ より

$$BD : BC = \boxed{F} : \sqrt{\boxed{G}}$$

となるので

$$AB : AC = \boxed{H} : \left(\sqrt{\boxed{I}} - \boxed{J}\right)$$

が得られる。

(2) 三角形 ABD の外接円の中心を O_1，三角形 ADC の外接円の中心を O_2 とする。三角形 ABC と三角形 AO_1O_2 の面積比 $\triangle ABC : \triangle AO_1O_2$ を求めよう。

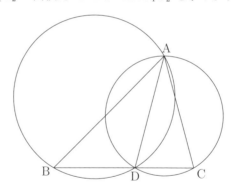

$\angle AO_1D = \boxed{KL}^{\circ}$，$\angle AO_2O_1 = \boxed{MN}^{\circ}$ であるから，(1) での考察より

$$AC = \sqrt{\boxed{O}}\, AO_1, \qquad AO_2 = \left(\sqrt{\boxed{P}} - \boxed{Q}\right) AO_1$$

である。したがって

$$\triangle ABC : \triangle AO_1O_2 = \boxed{R} : \left(\boxed{S} - \sqrt{\boxed{T}}\right)$$

である。

注）2 等分線：bisector，正弦定理：the law of sines，外接円：circumscribed circle

- 計算欄 (memo) -

IV の問題はこれで終わりです。IV の解答欄 **U** ～ **Z** はマークしないでください。
コース 1 の問題はこれですべて終わりです。解答用紙の V はマークしないでください。
解答用紙の解答コース欄に「コース 1」が正しくマークしてあるか，
もう一度確かめてください。

この問題冊子を持ち帰ることはできません。

－161－

数学 コース 2
（上級コース）

「解答コース」記入方法

解答コースには「コース1」と「コース2」が
ありますので，どちらかのコースを 一つだけ
選んで解答してください。「コース2」を解答
する場合は，右のように，解答用紙の「解答
コース」の「コース2」を ○ で囲み，その下
のマーク欄をマークしてください。

＜ 解答用紙記入例 ＞

解答コース Course	
コース 1 Course 1	コース 2 Course 2
○	●

選択したコースを正しくマークしないと，採点されません。

I

問 1   2 つの 2 次関数

$$f(x) = -2x^2, \quad g(x) = x^2 + ax + b$$

を考える。関数 $g(x)$ は次の 2 つの条件を満たしている。

(i) $g(x)$ の値は $x = 3$ で最小になる。

(ii) $g(4) = f(4)$

(1)   条件 (i) より $a = -\boxed{\text{A}}$ である。さらに，条件 (ii) より $b = -\boxed{\text{BC}}$ を得る。したがって，関数 $g(x)$ の最小値は $-\boxed{\text{DE}}$ である。

(2) $f(x) = g(x)$ を満たす x で 4 と異なるものを求めよう。x は

$$x^2 - \boxed{\text{F}}\, x - \boxed{\text{G}} = 0$$

を満たすから，$x = -\boxed{\text{H}}$ である。

(3) $-\boxed{\text{H}} \leqq x \leqq 4$ において，$f(x) - g(x)$ の値は $x = \boxed{\text{I}}$ のとき最大になり，その値は $\boxed{\text{JK}}$ である。

- 計算欄 (memo) -

問 2　A と B の 2 人はともに 3 枚のカードが入っている袋をもっている。袋の中の 3 枚のカードには，それぞれ 1, 2, 3 の数字が 1 つずつ書かれている。2 人が同時に自分の袋から 1 枚のカードを取り出し，書かれている数の大きさで勝負を競う。同じ数が書かれたカードを取り出したときは引き分けとし，カードの数が異なるときは大きい数のカードを取り出した方を勝ちとする。

(1)　1 回の勝負で引き分けになる確率は $\dfrac{\boxed{\text{L}}}{\boxed{\text{M}}}$ である。

(2)　以下，この勝負を 4 回実行するとき，次の確率を求めよう。ただし，取り出したカードは毎回元の袋に戻すこととする。

　(i)　A が 3 勝以上する確率は $\dfrac{\boxed{\text{N}}}{\boxed{\text{O}}}$ である。

　(ii)　A が 1 勝 1 敗 2 引き分けになる確率は $\dfrac{\boxed{\text{P}}}{\boxed{\text{QR}}}$ である。

　(iii)　A の勝つ回数と B の勝つ回数が同じになる確率は $\dfrac{\boxed{\text{ST}}}{\boxed{\text{UV}}}$ である。したがって，A の勝つ回数が B の勝つ回数より多くなる確率は $\dfrac{\boxed{\text{WX}}}{\boxed{\text{UV}}}$ である。

- 計算欄 (memo) -

Ⅰ の問題はこれで終わりです。 Ⅰ の解答欄 Y ， Z はマークしないでください。

$\boxed{\text{II}}$

問1 次の文中の $\boxed{\text{C}}$，$\boxed{\text{D}}$，$\boxed{\text{E}}$，$\boxed{\text{F}}$，$\boxed{\text{G}}$ には，下の選択肢 ⓪ ～ ⑨ の中から適するものを選び，その他の $\boxed{}$ には適する数を入れなさい。

1 辺の長さが 1 である正四面体 OABC を考える。x は $0 < x < 1$ を満たす数とし，辺 AB を $x : (1-x)$ に内分する点を P，辺 BC を $x : (1-x)$ に内分する点を Q とする。また，$\overrightarrow{\mathrm{OA}} = \vec{a}$，$\overrightarrow{\mathrm{OB}} = \vec{b}$，$\overrightarrow{\mathrm{OC}} = \vec{c}$ とおく。このとき，$\cos \angle \mathrm{POQ}$ の値の範囲を求めよう。

$\vec{a}$，$\vec{b}$，$\vec{c}$ は

$$\vec{a} \cdot \vec{b} = \vec{b} \cdot \vec{c} = \vec{c} \cdot \vec{a} = \frac{\boxed{\text{A}}}{\boxed{\text{B}}}$$

を満たす。

次に，$\overrightarrow{\mathrm{OP}}$ と $\overrightarrow{\mathrm{OQ}}$ は，$\overrightarrow{\mathrm{OP}} = \boxed{\text{C}}$，$\overrightarrow{\mathrm{OQ}} = \boxed{\text{D}}$ と表せるから

$$\left| \overrightarrow{\mathrm{OP}} \right| = \left| \overrightarrow{\mathrm{OQ}} \right| = \sqrt{\boxed{\text{E}}}, \qquad \overrightarrow{\mathrm{OP}} \cdot \overrightarrow{\mathrm{OQ}} = \boxed{\text{F}}$$

となる。よって

$$\cos \angle \mathrm{POQ} = \frac{1}{\boxed{\text{G}}} - \frac{\boxed{\text{H}}}{\boxed{\text{I}}}$$

である。

したがって，これより，求める値の範囲は

$$\frac{\boxed{\text{J}}}{\boxed{\text{K}}} < \cos \angle \mathrm{POQ} \leqq \frac{\boxed{\text{L}}}{\boxed{\text{M}}}$$

である。

⓪ $(1-x)\vec{a} + x\vec{b}$ 　　① $x\vec{a} + (1-x)\vec{b}$ 　　② $(1-x)\vec{b} + x\vec{c}$

③ $x\vec{b} + (1-x)\vec{c}$ 　　④ $x^2 + x + 1$ 　　⑤ $x^2 - x + 1$

⑥ $x^2 - x - 1$ 　　⑦ $\dfrac{1}{2}\left(-x^2 + x + 1\right)$ 　　⑧ $\dfrac{1}{2}\left(-x^2 - x + 1\right)$

⑨ $\dfrac{1}{2}\left(-x^2 + x - 1\right)$

注）正四面体：regular tetrahedron，内分する：divide internally

- 計算欄 (memo) -

問 2　複素数平面上の 3 点 A(α)，B(β)，C(γ) を頂点とする三角形 ABC において

$$\frac{\gamma - \alpha}{\beta - \alpha} = 1 - i$$

であるとする。以下，偏角 θ の範囲は $0 \leqq \theta < 2\pi$ とする。

(1)　複素数 $\dfrac{\gamma - \alpha}{\beta - \alpha}$ を極形式で表すと

$$\frac{\gamma - \alpha}{\beta - \alpha} = \sqrt{\boxed{\text{N}}}\left(\cos\frac{\boxed{\text{O}}}{\boxed{\text{P}}}\pi + i\sin\frac{\boxed{\text{O}}}{\boxed{\text{P}}}\pi\right)$$

である。よって，点 C は，点 B を点 A を中心として $\dfrac{\boxed{\text{Q}}}{\boxed{\text{R}}}\pi$ だけ回転し，さらに点 A からの距離を $\sqrt{\boxed{\text{S}}}$ 倍した点である。これより，複素数 $w = \dfrac{\gamma - \beta}{\alpha - \beta}$ の絶対値と偏角は

$$|w| = \boxed{\text{T}}, \quad \arg w = \frac{\boxed{\text{U}}}{\boxed{\text{V}}}\pi$$

である。

(2)　$\alpha + \beta + \gamma = 0$ とすると

$$|\alpha| : |\beta| : |\gamma| = \sqrt{\boxed{\text{W}}} : \sqrt{\boxed{\text{X}}} : \sqrt{\boxed{\text{Y}}}$$

である。

注）　複素数平面：complex plane，偏角：argument，極形式：polar form

- 計算欄 (memo) -

Ⅱ の問題はこれで終わりです。Ⅱ の解答欄 **Z** はマークしないでください。

III

関数

$$f(x) = 8^x + 8^{-x} - 3\left(4^{1+x} + 4^{1-x} - 2^{4+x} - 2^{4-x}\right) - 24$$

の最小値と，最小値をとるときの x の値を求めよう。

$2^x + 2^{-x} = t$ とおくと

$$4^x + 4^{-x} = t^2 - \boxed{A}, \qquad 8^x + 8^{-x} = t^3 - \boxed{B}\,t$$

であるから

$$f(x) = t^3 - \boxed{CD}\,t^2 + \boxed{EF}\,t$$

と表せる。この右辺の t の関数を $g(t)$ とおくと，その導関数は

$$g'(t) = \boxed{G}\left(t - \boxed{H}\right)\left(t - \boxed{I}\right)$$

である。ただし，$\boxed{H} < \boxed{I}$ とする。

ここで，$2^x + 2^{-x} = t$ であるから t のとる値の範囲は

$$t \geqq \boxed{J}$$

である。

$t = \boxed{J}$ のとき $g\left(\boxed{J}\right) = \boxed{KL}$ であり，$t > \boxed{J}$ のとき $g(t)$ は

$$t = \boxed{M} \quad \text{で，極大値} \quad \boxed{NO}$$

$$t = \boxed{P} \quad \text{で，極小値} \quad \boxed{QR}$$

をとる。

したがって，$f(x)$ の最小値は $\boxed{ST}$ であり，そのときの x の値は

$$x = \boxed{U}, \qquad \log_2\left(\boxed{V} \pm \sqrt{\boxed{WX}}\right) - \boxed{Y}$$

である。

注) 導関数：derivative

- 計算欄 (memo) -

k は正の実数とする。2 曲線

$$C_1 : y = \sin^2 x, \qquad C_2 : y = k\cos 2x \qquad \left(0 \leqq x \leqq \frac{\pi}{2}\right)$$

を考える。2 曲線 C_1, C_2 と y 軸で囲まれる部分の面積を S_1 とし，2 曲線 C_1, C_2 と直線 $x = \dfrac{\pi}{2}$ で囲まれる部分の面積を S_2 とする。このとき，$S_2 - S_1$ の値は k の値に関係なく一定であることを示そう。

等式 $\sin^2 x = k\cos 2x$ を満たす x を α とおくと

$$\sin\alpha = \sqrt{\dfrac{k}{\boxed{A}\,k + \boxed{B}}}\,, \qquad \cos\alpha = \sqrt{\dfrac{k + \boxed{C}}{\boxed{D}\,k + \boxed{E}}}$$

である。

次に S_1, S_2 を求めると

$$S_1 = \dfrac{\boxed{F}}{\boxed{G}} \int_0^\alpha \left\{ \left(\boxed{H}\,k + \boxed{I}\right) \cos\boxed{J}\,x - 1 \right\} dx$$

$$= \dfrac{\boxed{K}}{\boxed{L}} \left\{ \sqrt{k\left(k + \boxed{M}\right)} - \alpha \right\},$$

$$S_2 = \dfrac{\boxed{N}}{\boxed{O}} \left\{ \sqrt{k\left(k + \boxed{P}\right)} - \alpha \right\} + \dfrac{\pi}{\boxed{Q}}$$

である。したがって

$$S_2 - S_1 = \dfrac{\pi}{\boxed{R}}$$

となり，$S_2 - S_1$ の値は k の値に関係なく一定である。

- 計算欄 (memo) -

2021 Examination for Japanese University Admission
for International Students

Science (80 min.)

〚Physics, Chemistry, Biology〛

※ Choose and answer <u>two subjects</u>.
※ Answer the questions using <u>the front side of the answer sheet for one subject</u>, and <u>the reverse side for the other subject</u>.

I **Rules of Examination**

1. Do not leave the room without the proctor's permission.

2. Do not take this question booklet out of the room.

II **Rules and Information Concerning the Question Booklet**

1. Do not open this question booklet until instructed.

2. After instruction, write your name and examination registration number in the space provided below, as printed on your examination voucher.

3. The pages of each subject are as in the following table.

Subject	Pages
Physics	1 – 21
Chemistry	23 – 37
Biology	39 – 54

4. If your question booklet is missing any pages, raise your hand.

5. You may write notes and calculations in the question booklet.

III **Rules and Information Concerning the Answer Sheet**

1. You must mark your answers on the answer sheet with an HB pencil.

2. Each question is identified by one of the row numbers $\boxed{1}$, $\boxed{2}$, $\boxed{3}$, ⋯. Follow the instruction in the question and completely black out your answer in the corresponding row of the answer sheet (mark-sheet).

3. Make sure also to read the instructions on the answer sheet.

※ Once you are instructed to start the examination, fill in your examination registration number and name.

Examination registration number		*				*					
Name											

Physics

Marking your Choice of Subject on the Answer Sheet

Choose and answer two subjects from Physics, Chemistry, and Biology. Use the front side of the answer sheet for one subject, and the reverse side for the other subject.

As shown in the example on the right, if you answer the Physics questions, circle "Physics" and completely fill in the oval under the subject name.

If you do not correctly fill in the appropriate oval, your answers will not be graded.

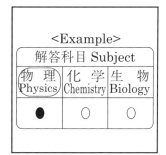

$\boxed{\text{I}}$ Answer questions **A** (**Q1**), **B** (**Q2**), **C** (**Q3**), **D** (**Q4**), **E** (**Q5**), and **F** (**Q6**) below, where g denotes the magnitude of acceleration due to gravity, and air resistance is negligible.

A Object A (mass: m_A) and object B (mass: m_B) are placed in contact with each other on a smooth horizontal surface. As shown in the figure below, a force of magnitude F_0 is applied to A in the horizontal direction to the right, and A and B begin moving as a unit with uniform acceleration. Let us denote as F the magnitude of the force exerted on A by B.

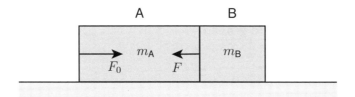

Q1 What is $\dfrac{F}{F_0}$? From ①-④ below choose the correct answer. $\boxed{1}$

① $\dfrac{m_A}{m_A + m_B}$ ② $\dfrac{m_B}{m_A + m_B}$ ③ $\dfrac{m_A + m_B}{m_A}$ ④ $\dfrac{m_A + m_B}{m_B}$

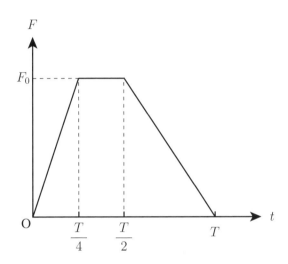

B A small object of mass m is at rest on a smooth horizontal surface. A force acts on the object in a horizontal direction from time $t = 0$ to $t = T$. The direction of the force is constant, and its magnitude, F, changes with time t. The figure below is a graph showing the relationship between F and t. Let us denote as v_T the speed of the object at $t = T$.

Q2 What is v_T? From ①-⑥ below choose the correct answer. $\boxed{2}$

① $\dfrac{F_0 T}{4m}$ ② $\dfrac{3F_0 T}{8m}$ ③ $\dfrac{F_0 T}{2m}$

④ $\dfrac{5F_0 T}{8m}$ ⑤ $\dfrac{3F_0 T}{4m}$ ⑥ $\dfrac{7F_0 T}{8m}$

C As shown in the figure below, a platform is fixed in place on a horizontal floor and has a smooth, sloped upper surface that forms an angle of $30°$ with the horizontal. A fixed pulley is attached to each end of the sloped surface. An object of mass $2m$ is held in place on the sloped surface and a string is attached to each side of the object. The strings are kept parallel to the sloped surface and placed over the pulleys. A weight of mass m is suspended from the string on the lower side, and a weight of mass $3m$ is suspended from the string on the higher side. The object is gently released and begins moving with uniform acceleration of magnitude a. The string is lightweight and inelastic, and the pulleys are lightweight and rotate smoothly.

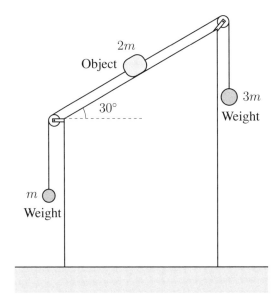

Q3 What is a? From ①-⑥ below choose the correct answer.
3

① $\dfrac{g}{12}$　　　　② $\dfrac{g}{6}$　　　　③ $\dfrac{g}{4}$

④ $\dfrac{g}{3}$　　　　⑤ $\dfrac{g}{2}$　　　　⑥ $\dfrac{2g}{3}$

D As shown in Figure 1 below, small objects A (mass: 1.0 kg) and B (mass: 1.0 kg) are both moving to the right along the same line on a smooth horizontal floor. The speed of A and B is 2.0 m/s and 1.0 m/s, respectively. A and B collide, and subsequently A and B move to the right with speed v_A and v_B, respectively, as shown in Figure 2. Let us denote as e the coefficient of restitution between A and B. Given that the value of e is in the range $0 \leqq e \leqq 1$, we know that the value of v_A is in a range between a certain minimum and a certain maximum.

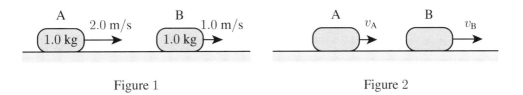

Figure 1   Figure 2

Q4 What is the minimum of v_A (in m/s)? From ①-⑤ below choose the best answer. ⎡ **4** ⎤ m/s

① 0   ② 0.50   ③ 1.0   ④ 1.5   ⑤ 2.0

E As shown in Figure 1 below, a spring and a small object are placed on a smooth horizontal surface. The spring is at its natural length, with one end attached to a wall and the other end in contact with the object. As shown in Figure 2, the object is pushed so that the spring compresses distance L from its natural length, and is gently released. The object begins moving on the horizontal surface. Let us denote as $K(x)$ the kinetic energy of the object when the spring is compressed distance x from its natural length.

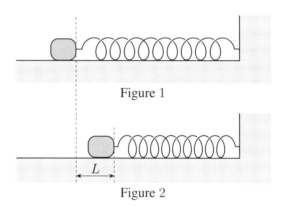

Figure 1

Figure 2

Q5 From ①-⑥ below choose the graph that best represents the relationship between $K(x)$ and x.

5

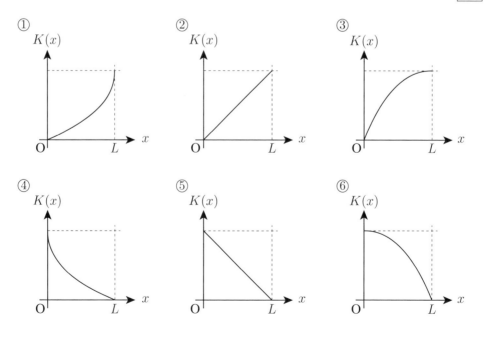

F As shown in the figure below, one end of a lightweight inelastic string of length ℓ is fixed in place at height $h(<\ell)$ above a smooth horizontal floor, and the other end is attached to a small object of mass m. The object is undergoing uniform circular motion on the floor with angular velocity ω, as the string remains taut. Let us denote as S the tension in the string.

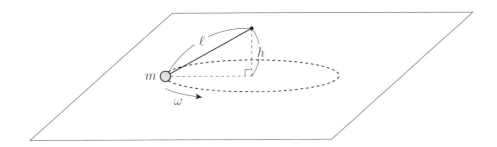

Q6 What is S? From ①-⑥ below choose the correct answer. $\boxed{6}$

① $mh\omega^2$

② $m\ell\omega^2$

③ $m\sqrt{\ell^2 - h^2}\,\omega^2$

④ $\dfrac{mh^2\omega^2}{\ell}$

⑤ $\dfrac{m\ell^2\omega^2}{h}$

⑥ $\dfrac{m(\ell^2 - h^2)\omega^2}{\ell}$

II Answer questions **A** (**Q1**), **B** (**Q2**), and **C** (**Q3**) below.

A Ice of 40 g at -10 °C is placed in water of 120 g at 20 °C. After sufficient time elapses, the mixture becomes water and ice at 0 °C. The specific heat of water is 4.2 J/(g·K), the specific heat of ice is 2.1 J/(g·K), and the heat of fusion of ice is 3.3×10^2 J/g. Assume that there is no exchange of heat with the environment.

Q1 What is the mass of the remaining ice (in g)? From ①-⑦ below choose the best answer.

$\boxed{7}$ g

① 8.0   ② 12   ③ 16   ④ 20

⑤ 24   ⑥ 28   ⑦ 32

B Consider a certain quantity of an ideal gas. Initially, the pressure, volume, and absolute temperature of the gas are p_0, V_0, and T_0, respectively. While the pressure is kept constant, the absolute temperature of the gas is changed from T_0 to T ($> T_0$). Let us denote as W the work done on the gas by the environment in this process.

Q2 What is W? From ①-④ below choose the correct answer. $\boxed{8}$

① $\dfrac{p_0 V_0 (T_0 - T)}{T_0}$

② $\dfrac{p_0 V_0 (T - T_0)}{T_0}$

③ $\dfrac{p_0 V_0 (T_0 - T)}{T}$

④ $\dfrac{p_0 V_0 (T - T_0)}{T}$

C As shown in the p–V diagram below, the state of a certain quantity of an ideal gas is changed from state **A** to state **B** in three pathways that go through different states (I, II, III). Let us denote as Q_I, Q_{II}, and Q_{III} the quantity of heat absorbed by the gas in the change passing through state I, II, and III, respectively.

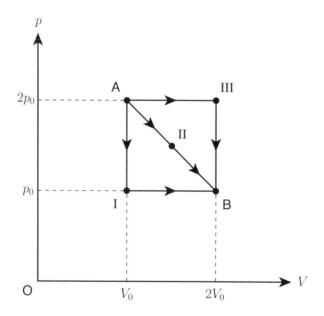

Q3 What is the magnitude relationship among Q_I, Q_{II}, and Q_{III}? From ①-⑤ below choose the correct answer.

9

① $Q_I < Q_{II} < Q_{III}$　　　　② $Q_{III} < Q_{II} < Q_I$　　　　③ $Q_I = Q_{III} < Q_{II}$

④ $Q_{II} < Q_I = Q_{III}$　　　　⑤ $Q_I = Q_{II} = Q_{III}$

III Answer questions **A** (Q1), **B** (Q2), and **C** (Q3) below.

A A sinusoidal wave with a frequency of 10 Hz is propagating along an x-axis in the positive direction. The figure below is a graph representing the relationship between displacement of the medium, y, and position x at time $t = 0$ s. Let us denote as t_1 the first time at which the value of y at $x = 10.0$ cm reaches its positive maximum following $t = 0$ s.

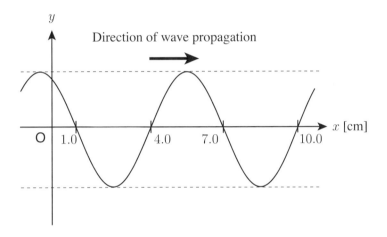

Q1 What is t_1 (in s)? From ①-④ below choose the best answer. [10] s

 ① 2.5×10^{-2} ② 5.0×10^{-2} ③ 7.5×10^{-2} ④ 1.0×10^{-1}

B Consider two stretched strings, A and B, which have the same length, a, but different linear density. The tension of the strings is adjusted so that they have the same fundamental frequency. Next, the tension of A is changed by a factor of s without changing the length from a, and the length of B is changed to b without changing the tension. As a result, the strings have the same fundamental frequency. Assume that the linear density of each string does not change. Here, the speed of a wave traveling along a string is directly proportional to the $\dfrac{1}{2}$ power of the string's tension, and to the $-\dfrac{1}{2}$ power of the string's linear density.

Q2 What is s? From ①-⑥ below choose the best answer. $\boxed{11}$

① $\sqrt{\dfrac{b}{a}}$ ② $\dfrac{b}{a}$ ③ $\dfrac{b^2}{a^2}$

④ $\sqrt{\dfrac{a}{b}}$ ⑤ $\dfrac{a}{b}$ ⑥ $\dfrac{a^2}{b^2}$

C As shown in the figure below, air, glass A, and glass B are in contact with one another along parallel boundary planes. Here, the absolute refractive index of air, glass A, and glass B is 1.0, 1.7, and 1.5, respectively. When light is directed from the air into glass A at an angle of incidence of $60°$, the light passes from glass A into glass B at angle of refraction θ.

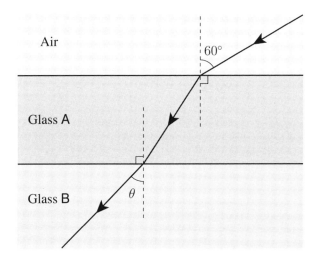

Q3 What is $\sin\theta$? From ①-⑤ below choose the best answer.　　　　　$\boxed{12}$

① 0.17　　　② 0.29　　　③ 0.33　　　④ 0.58　　　⑤ 0.88

IV Answer questions **A** (Q1), **B** (Q2), **C** (Q3), **D** (Q4), **E** (Q5), and **F** (Q6) below.

A As shown in the figure below, point charges are fixed in place at vertices A, B, and D of the square ABCD. The quantity of electricity of each point charge is $q(> 0)$ at A, and $2q$ at B and D. Next, a point charge with quantity of electricity Q is fixed in place at vertex C. As a result, the magnitude of the electrostatic force acting on the point charge at A becomes zero.

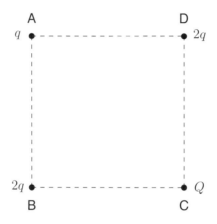

Q1 What is $\dfrac{Q}{q}$? From ①-⑥ below choose the correct answer. **13**

① $\sqrt{2}$

② $2\sqrt{2}$

③ $4\sqrt{2}$

④ $-\sqrt{2}$

⑤ $-2\sqrt{2}$

⑥ $-4\sqrt{2}$

B Resistor R, two capacitors with capacitance C and $2C$, and switch S are connected as shown in the figure below. Initially, S is open, the capacitor with capacitance C is charged with quantity of electricity Q, and the capacitor with capacitance $2C$ is uncharged. Next, S is closed and electric current begins flowing through R. After sufficient time elapses, the current stops flowing through R.

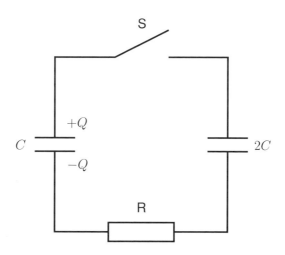

Q2 What is the Joule heat evolved in R in the time from when S is closed to when the current stops flowing through R? From ①-④ below choose the best answer. $\boxed{14}$

① $\dfrac{Q^2}{6C}$ ② $\dfrac{Q^2}{4C}$ ③ $\dfrac{Q^2}{3C}$ ④ $\dfrac{Q^2}{2C}$

C Three resistors, all with the same resistance, and a battery are connected as shown in Figure 1 below. The total power consumption of the three resistors is P_1. Next, the same three resistors and battery are connected as shown in Figure 2. This time, the total power consumption of the three resistors is P_2. The internal resistance of the battery is negligible.

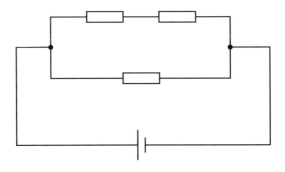

Figure 1

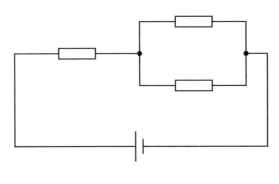

Figure 2

Q3 What is $\dfrac{P_1}{P_2}$? From ①-⑤ below choose the correct answer.   **15**

① $\dfrac{4}{9}$ ② $\dfrac{2}{3}$ ③ 1   ④ $\dfrac{3}{2}$ ⑤ $\dfrac{9}{4}$

D As shown in the figure below, two sufficiently long straight conducting wires pass through x-axis points A ($x = -a$) and B ($x = a$) within this page, perpendicular to the page. An electric current with magnitude I flows in the wire passing through point A, and a current with magnitude $2I$ flows in the wire passing through point B. The direction of both currents is from the back of the page to the front. The magnitude of resulting magnetic field at position $x = d$ on the x-axis is zero.

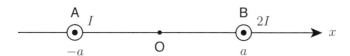

Q4 What is $\dfrac{d}{a}$? From ①-⑧ below choose the correct answer. $\boxed{16}$

① -3 ② -2 ③ $-\dfrac{1}{2}$ ④ $-\dfrac{1}{3}$

⑤ $\dfrac{1}{3}$ ⑥ $\dfrac{1}{2}$ ⑦ 2 ⑧ 3

E As shown in the figure below, two conducting wires, which are of negligible mass and have the same length, are each connected at one end to Q and R, the ends of conducting rod QR, which has mass m and length ℓ. The other end of the wire connected to Q is connected to terminal P, and the other end of the wire connected to R is connected to terminal S, such that QR is suspended horizontally. P and S are fixed in place at positions separated by horizontal distance ℓ. An electric current of magnitude I is passed through the wires and conducting rod in the direction P → Q → R → S, within a uniform magnetic field whose direction is vertically upward. The conducting rod comes to rest at a position where the wires remain straight and form angle θ with the downward vertical direction. Let us denote as g the magnitude of acceleration due to gravity.

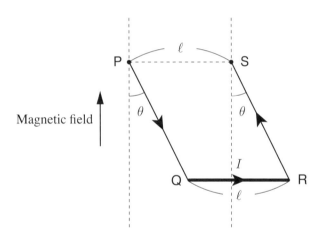

Q5 What is the magnitude of the magnetic field's magnetic flux density? From ①-⑥ below choose the correct answer. $\boxed{17}$

① $\dfrac{mg\sin\theta}{I\ell}$

② $\dfrac{mg\cos\theta}{I\ell}$

③ $\dfrac{mg\tan\theta}{I\ell}$

④ $\dfrac{mg}{I\ell\sin\theta}$

⑤ $\dfrac{mg}{I\ell\cos\theta}$

⑥ $\dfrac{mg}{I\ell\tan\theta}$

F As shown in the figure below, a bar magnet is fixed in place above a horizontal floor, with its north pole vertically downward. Let us denote as O the point on the floor directly below the magnet. Let us also plot on the floor an x-axis whose origin is at O. A square coil is placed on the floor such that two sides are parallel to the x-axis and its center, C, is on the x-axis. The coil is moved in the positive direction of the x-axis with a constant speed of v. When, as shown, C is near O and moves away from O, an induced current I flows through the coil in a certain direction, and the magnetic field produced by the magnet exerts a force $\overrightarrow{F}$ on the coil in a certain direction.

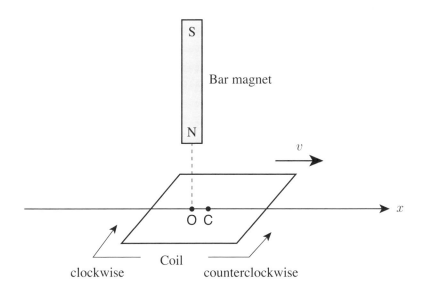

Q6 With respect to the figure, is the direction of I clockwise, or counterclockwise? Also, what is the direction of $\overrightarrow{F}$? From ①-④ below choose the correct combination. **18**

	Direction of I	Direction of $\overrightarrow{F}$
①	clockwise	positive direction of x-axis
②	clockwise	negative direction of x-axis
③	counterclockwise	positive direction of x-axis
④	counterclockwise	negative direction of x-axis

V Answer question **A** (Q1) below.

A Atomic nucleus $^{235}_{92}$U absorbs a neutron and undergoes nuclear fission into $^{140}_{54}$Xe and $^{94}_{38}$Sr.

Q1 How many neutrons are released in this nuclear fission reaction? From ①-⑤ below choose the correct answer. **19**

  ① 0   ② 1   ③ 2   ④ 3   ⑤ 4

End of Physics questions. Leave the answer spaces $\boxed{20}$ – $\boxed{75}$ blank. Please check once more that you have properly marked the name of your subject as "Physics" on your answer sheet.

Do not take this question booklet out of the room.

Chemistry

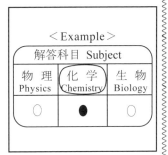
Use the following values for calculation. The unit of volume "liter" is represented by "L".

Standard state: 0 ℃, 1.01×10^5 Pa (1 atm)

The molar volume of an ideal gas at the standard state: 22.4 L/mol

Gas constant: $R = 8.31 \times 10^3$ Pa·L/(K·mol)

Avogadro constant: $N_A = 6.02 \times 10^{23}$ /mol

Faraday constant: $F = 9.65 \times 10^4$ C/mol

Atomic weight: H : 1.0   C : 12   O : 16   Mg : 24   Br : 80

The relation between the group and the period of elements used in this examination is indicated in the following periodic table. Atomic symbols other than **H** are omitted.

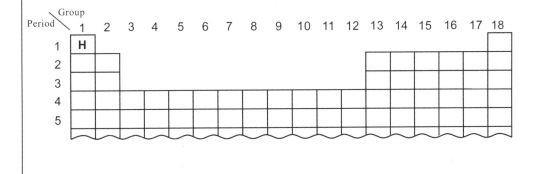

Q1   Concerning the following statements ①-⑤ on the constituent particles of matter, the number corresponding to the quantity described in column **A** is indicated in column **B**. Choose the one in which the number in column **B** is <u>**not**</u> correct. | **1** |

		A	B
①		number of electrons in hydrogen ion H^+	0
②		number of protons in He atom	2
③		number of electrons in the M shell of Na atom	2
④		number of valence electrons in C atom	4
⑤		number of neutrons in $^{37}_{17}Cl$ atom	20

Q2   From the following molecules or ions ①-⑤, choose the one which has the largest number of shared electron pairs. | **2** |

    ①   ammonia

    ②   nitrogen

    ③   hydrogen sulfide

    ④   oxonium ion

    ⑤   ammonium ion

Q3 From the following compounds ①-⑤, choose the one which does **not** have a planar molecular structure.

① benzene

② water

③ naphthalene

④ ammonia

⑤ formaldehyde

Q4 Suppose the following materials are in the solid state: carbon dioxide (CO_2), silicon dioxide (SiO_2), and calcium oxide (CaO). From ①-⑥ in the table below, choose the one in which each crystal is correctly classified.

	Carbon dioxide	Silicon dioxide	Calcium oxide
①	ionic crystal	covalent crystal	molecular crystal
②	ionic crystal	molecular crystal	covalent crystal
③	covalent crystal	ionic crystal	molecular crystal
④	covalent crystal	molecular crystal	ionic crystal
⑤	molecular crystal	ionic crystal	covalent crystal
⑥	molecular crystal	covalent crystal	ionic crystal

Q5 Hydrogen (H_2) is generated when magnesium (Mg) is reacted with hydrochloric acid (HCl) as shown below.

$$Mg \ + \ 2HCl \ \longrightarrow \ MgCl_2 \ + \ H_2$$

The following table lists the volumes of generated hydrogen at 20 ℃ and 1.01×10^5 Pa when various masses of magnesium are added to react with 4.0 mL of hydrochloric acid of a certain concentration.

Mass of magnesium (g)	0.018	0.037	0.052	0.070	0.085
Volume of hydrogen (mL)	18	37	48	48	48

Assume that hydrogen is insoluble in water, and that the volume of 1.00 mol of the gas at this temperature and pressure is 24.0 L.

From ①-⑥ in the table below, choose the correct combination of the maximum mass of magnesium (g) that reacts with the hydrochloric acid used and the concentration of hydrochloric acid (mol/L). **5**

	Maximum mass of magnesium (g)	Concentration of hydrochloric acid (mol/L)
①	0.048	0.25
②	0.048	0.50
③	0.048	1.0
④	0.051	0.25
⑤	0.051	0.50
⑥	0.051	1.0

Q6 Suppose that 1.0×10^{-3} mol of hydrogen (H_2) and 5.0×10^{-3} mol of oxygen (O_2) were placed in a closed container the volume of which was variable, and the gas mixture was ignited. The hydrogen was completely reacted, and waterdrops formed in the container. Suppose the volume of the container was gradually enlarged at a constant temperature of 33 ℃ so that all water (H_2O) in the container turned into water vapor. Calculate the volume of the container in L when all water in the container was vaporized. From ①-⑤ below choose the closest value. Assume that the vapor pressure of water at 33 ℃ is 5.0×10^3 Pa.   **6** L

① 0.50   ② 0.75   ③ 1.0   ④ 1.5   ⑤ 2.0

Q7   From the salts ①-⑥ below choose the one which is compatible with both of the following statements **a** and **b**. | **7** |

    a   It is a salt made from a divalent acid and a monovalent base.

    b   The pH of its aqueous solution is larger than 7.

    ①   barium chloride

    ②   sodium carbonate

    ③   ammonium sulfate

    ④   sodium acetate

    ⑤   calcium nitrate

    ⑥   potassium sulfate

Q8 0.200 mol/L aqueous potassium permanganate ($KMnO_4$) is added to a solution acidified with sulfuric acid containing 50.0 mL of 0.300 mol/L aqueous hydrogen peroxide (H_2O_2) so that the hydrogen peroxide will completely be oxidized. Calculate the volume of aqueous potassium permanganate required in mL. From ①-⑤ below choose the closest value. **8** mL

① 15   ② 30   ③ 75   ④ 150   ⑤ 300

Q9 When dilute sulfuric acid (H_2SO_4) was electrolyzed with the aid of platinum electrodes using the apparatus given in the following figure, 672 mL of gas at the standard state was generated in total at the anode and the cathode. Calculate the amount of electricity (in C) used. From ①-⑧ below choose the closest value.   **9** C

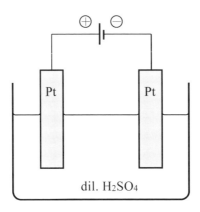

dil. H_2SO_4

① 3.86×10^2 ② 1.93×10^3 ③ 3.86×10^3 ④ 7.72×10^3

⑤ 1.93×10^4 ⑥ 3.86×10^4 ⑦ 7.72×10^4 ⑧ 9.65×10^4

Q10　When hydrogen iodide (HI) was placed in a closed container at constant temperature and pressure, the reaction represented by the following thermochemical equation took place to reach an equilibrium state:

$$2HI\,(g)\;=\;H_2\,(g)\;+\;I_2\,(g)\;-\;9\,kJ$$

Assume that HI, H_2, and I_2 are always in the gas state.

From the following statements ①-⑤ on this reaction choose the correct one.　**10**

①　The amount of HI at the equilibrium state is twice as large as that of H_2.

②　The amount of H_2 and that of I_2 at the equilibrium state are not necessarily equal.

③　If the temperature is lowered, the amount of HI at the equilibrium state will increase.

④　If the pressure is lowered, the amount of HI at the equilibrium state will increase.

⑤　If a catalyst is added, the amount of HI at the equilibrium state will increase.

Q11　From the following procedures ①-⑤, choose the one in which hydrogen (H_2) is **not** generated.　**11**

①　Dilute hydrochloric acid (HCl) is added to copper (Cu).

②　Water (H_2O) is added to calcium (Ca).

③　Ethanol (C_2H_5OH) is added to sodium (Na).

④　Aqueous sodium hydroxide (NaOH) is added to aluminum (Al).

⑤　Aqueous sodium hydroxide is electrolyzed with the aid of platinum electrodes.

Q12 Among the following procedures **a-f**, there are two in which <u>no</u> reaction takes place. From ①-⑥ below choose that combination. $\boxed{12}$

    a Water (H_2O) is added to lithium (Li).

    b Hydrochloric acid (HCl) is added to zinc (Zn).

    c Hydrochloric acid is added to silver (Ag).

    d Dilute nitric acid (HNO_3) is added to copper (Cu).

    e Aqueous silver nitrate ($AgNO_3$) is added to copper.

    f Aqueous iron(II) sulfate ($FeSO_4$) is added to platinum (Pt).

   ① **a, e**   ② **b, e**   ③ **b, f**   ④ **c, d**   ⑤ **c, f**   ⑥ **d, e**

Q13 Among the following reactions **a-d**, there are two in which water acts as an acid. From ①-⑥ below choose the correct combination. $\boxed{13}$

    a $HCl + H_2O \longrightarrow H_3O^+ + Cl^-$

    b $NH_3 + H_2O \longrightarrow NH_4^+ + OH^-$

    c $2Na + 2H_2O \longrightarrow 2NaOH + H_2$

    d $CaO + H_2O \longrightarrow Ca(OH)_2$

   ① **a, b**   ② **a, c**   ③ **a, d**   ④ **b, c**   ⑤ **b, d**   ⑥ **c, d**

Q14 From the following statements ①-⑤ on sulfur dioxide (SO_2), choose the one which is **not** correct. `14`

① SO_2 can bleach pigments by its oxidizing property.

② When SO_2 is passed through aqueous hydrogen sulfide (H_2S), the solution turns turbid and white.

③ SO_2 is a colorless and poisonous gas with an irritating smell.

④ SO_2 is soluble in water and the aqueous solution is weakly acidic.

⑤ When SO_2 is passed through aqueous potassium permanganate ($KMnO_4$) acidified with sulfuric acid, the red-purple color of potassium permanganate disappears.

Q15 Suppose a colorless aqueous solution contains one kind of metal ion. This aqueous solution has following properties **a-c**. From ①-⑥ below choose the metal ion contained in this aqueous solution. `15`

a Precipitates were formed when aqueous sodium hydroxide (NaOH) was added. The precipitates dissolved, however, when aqueous sodium hydroxide was further added.

b Precipitates were formed when aqueous ammonia (NH_3) was added. The precipitates dissolved, however, when aqueous ammonia was further added.

c Precipitates were not formed when aqueous sodium chloride (NaCl) was added.

① Ag^+ ② Ca^{2+} ③ Mg^{2+} ④ Pb^{2+} ⑤ Zn^{2+} ⑥ Al^{3+}

Q16 From ①-⑥ below choose the correct combination of numbers which are compatible with blanks   A   and   B   in the statements below. **16**

Among the isomers of a compound whose molecular formula is C_3H_5Br, the number of these which possess a carbon-carbon double bond is   A . Some of these isomers yield products which possess an asymmetric carbon atom when the addition reaction of bromine (Br_2) to the double bond is carried out. The number of the isomer(s) that yield such products is   B .

	A	B
①	3	1
②	3	2
③	4	1
④	4	2
⑤	5	1
⑥	5	2

Q17 From the following statements ①-④ on ethylene (ethene), choose the correct one.

17

① Ethylene is a colorless gas and is readily soluble in water.

② When a sufficient amount of ethylene is passed through bromine water, the color of the bromine water disappears.

③ When a sufficient amount of ethylene is passed through aqueous potassium permanganate ($KMnO_4$) acidified with sulfuric acid, permanganate ion (MnO_4^-) is oxidized and its color disappears.

④ Polyethylene is produced by condensation polymerization of ethylene.

Q18 In the following table, column **A** describes chemical reactions and column **B** shows the products of these reactions. From ①‐⑥ in the table below choose the one in which column **B** is **not** correct.

18

	A		B
①	CH_4	$\xrightarrow{Cl_2,\ light}$	CCl_4
②	CaC_2	$\xrightarrow{H_2O}$	$HC{\equiv}CH$
③	$CH_3-\overset{O}{\underset{}{C}}-OH$ $CH_3-\underset{O}{C}-OH$	$\xrightarrow[\text{heat}]{\text{dehydrating agent}}$	$CH_3-\overset{O}{C}$ $CH_3-\underset{O}{C}$ (anhydride)
④	(benzene)	$\xrightarrow{HNO_3,\ H_2SO_4}$	(C₆H₅)$-SO_3H$
⑤	(C₆H₅)$-OH$	$\xrightarrow{NaOH\ aq}$	(C₆H₅)$-ONa$
⑥	(benzene ring) $-OH$, $-COOH$	$\xrightarrow{CH_3OH,\ H_2SO_4}$	(benzene ring) $-OH$, $-COOCH_3$

Q19 Compound **A** is a cyclic unsaturated hydrocarbon with a molecular weight of 80.

A cyclic saturated hydrocarbon with a molecular weight of 84 was obtained when hydrogen H_2 was added to **A** with the aid of a catalyst.

When a sufficient amount of bromine (Br_2) was reacted with **A**, a bromide of the cyclic saturated hydrocarbon was obtained. Calculate the molecular weight of the bromide. From ①-⑥ below choose the closest value. **19**

① 160   ② 240   ③ 320   ④ 400   ⑤ 480   ⑥ 600

Q20 Among the following polymer compounds **a-e**, two of them require formaldehyde when these are synthesized. From ①-⑧ below choose the correct combination. **20**

a   phenol resin

b   poly(ethylene terephthalate)

c   polystyrene

d   vinylon

e   poly(vinyl chloride)

① **a, b**   ② **a, d**   ③ **a, e**   ④ **b, c**

⑤ **b, d**   ⑥ **b, e**   ⑦ **c, d**   ⑧ **d, e**

End of Chemistry questions. Leave the answer spaces **21** ~ **75** blank.

Please check once more that you have properly marked the name of your

subject as "Chemistry" on your answer sheet.

Do not take this question booklet out of the room.

Biology

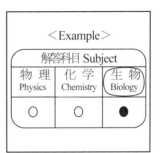
Q1 The following figure schematically represents the structure of ATP, which is involved in energy metabolism in cells. From ①–⑥ below choose the combination that correctly indicates the names of A–E in the figure.

1

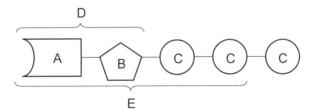

	A	B	C	D	E
①	ribose	adenosine	phosphate	adenine	ADP
②	ribose	phosphate	ADP	adenosine	adenine
③	adenine	ADP	adenosine	ribose	phosphate
④	adenine	ribose	phosphate	adenosine	ADP
⑤	phosphate	ADP	ribose	adenine	adenosine
⑥	phosphate	adenine	ribose	ADP	adenosine

Q2 The following table indicates whether certain structures are present or absent in eukaryotic cells or prokaryotic cells. Presence is represented by ＋, and absence is represented by －. From ①－⑥ below choose the combination that correctly identifies A – C in the table. ⏢**2**

Structure \ Cell	Eukaryotic cells		Prokaryotic cells
	Animals	Plants	
cell membrane	＋	＋	＋
A	＋	＋	－
B	－	＋	＋
C	－	＋	－

	A	B	C
①	chloroplast	cell wall	mitochondrion
②	chloroplast	mitochondrion	nuclear membrane
③	mitochondrion	chloroplast	nuclear membrane
④	mitochondrion	cell wall	chloroplast
⑤	cell wall	mitochondrion	chloroplast
⑥	cell wall	chloroplast	mitochondrion

Q3 During photosynthesis in plants, the following reactions a – c take place in the processes at photosystem I, photosystem II, or the Calvin-Benson cycle. From ① – ⑥ below choose the combination correctly indicating all reactions that occur in each process. $\boxed{\textbf{3}}$

a: CO_2 is reduced to synthesize organic compounds.

b: Electrons (e^-) are transferred from H_2O and O_2 is released.

c: Light energy is absorbed.

	Photosystem I	Photosystem II	Calvin-Benson cycle
①	a	b, c	c
②	a, b	c	a, c
③	b	b, c	a
④	b, c	c	a, b
⑤	c	a, c	b
⑥	c	b, c	a

Q4 Many organisms are unable to directly use free nitrogen (N_2) in the air. However, there are some organisms that can reduce nitrogen to NH_4^+; this process is called nitrogen fixation. From ① – ⑤ below choose the combination correctly indicating organisms that fix nitrogen. $\boxed{\textbf{4}}$

① Nitrite forming bacteria, nitrate forming bacteria, root nodule bacteria, nostoc

② Nitrite forming bacteria, clostridium, azotobacter, nostoc

③ Nostoc, clostridium, azotobacter, root nodule bacteria

④ Nitrate forming bacteria, azotobacter, nostoc, root nodule bacteria

⑤ Nitrite forming bacteria, root nodule bacteria, nostoc, clostridium

Q5 The DNA of eukaryotes contains regions that are translated and regions that are not translated. From ①
– ⑥ below choose the combination correctly indicating the terms used for those regions. **5**

	Regions translated	Regions not translated
①	codons	exons
②	codons	introns
③	exons	codons
④	exons	introns
⑤	introns	codons
⑥	introns	exons

Q6 The following statements I – III describe the basic principle of the polymerase chain reaction (PCR).
From ① – ⑥ below choose the combination of terms that correctly fills blanks a – c in
the statements. **6**

I   An aqueous solution containing the target DNA is heated to approx. 95°C. This breaks the
 a between bases, thereby separating double-stranded DNA into single-stranded DNA.

II   The temperature is lowered to approx. 55°C, so that the b binds to the 3′ end of the region
of DNA to be amplified; the base sequence of the b is complementary to that of the 3′ end.

III   The temperature is raised to approx. 72°C, and the DNA following the b is synthesized by
 c .

	a	b	c
①	hydrogen bonds	mRNA	DNA ligase
②	hydrogen bonds	primer	DNA polymerase
③	hydrogen bonds	tRNA	DNA polymerase
④	S-S bonds	mRNA	DNA ligase
⑤	S-S bonds	primer	DNA polymerase
⑥	S-S bonds	tRNA	DNA polymerase

Q7 The following figure schematically represents two pairs of alleles, A (a) and B (b), on chromosomes in the somatic cell of a certain organism; genes A and B, and genes a and b are linked. Assuming that recombination has taken place during gametogenesis of this organism, from ①–⑧ below choose the combination that correctly indicates the newly produced genotypes of the gametes regarding these two genes, and the phase in which recombination takes place.

7

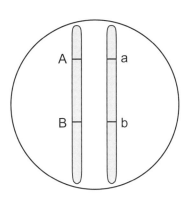

	Newly produced genotypes of the gametes	Phase in which recombination takes place
①	AA, BB	meiosis I
②	AA, BB	meiosis II
③	Aa, Bb	meiosis I
④	Aa, Bb	meiosis II
⑤	AB, ab	meiosis I
⑥	AB, ab	meiosis II
⑦	Ab, aB	meiosis I
⑧	Ab, aB	meiosis II

Q8 The following figure schematically represents a cross section of a frog embryo during the mid-gastrula stage. From ①–⑥ below choose the combination that correctly identifies the regions A – C in the figure.

8

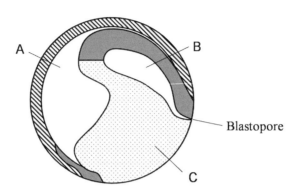

	A	B	C
①	blastocoel	archenteron	endoderm
②	blastocoel	intestinal tract	endoderm
③	archenteron	blastocoel	mesoderm
④	archenteron	intestinal tract	mesoderm
⑤	intestinal tract	blastocoel	endoderm
⑥	intestinal tract	archenteron	endoderm

Q9 The following figure schematically represents the processes whereby a pollen grain and an embryo sac are formed in gametogenesis in angiosperms. At which of steps A – I in the figure does meiosis occur? Also, how many embryo sac mother cells are needed to form 40 seeds? From ① – ⑧ below choose the correct combination. Assume that fertilization is successful in all cases.

9

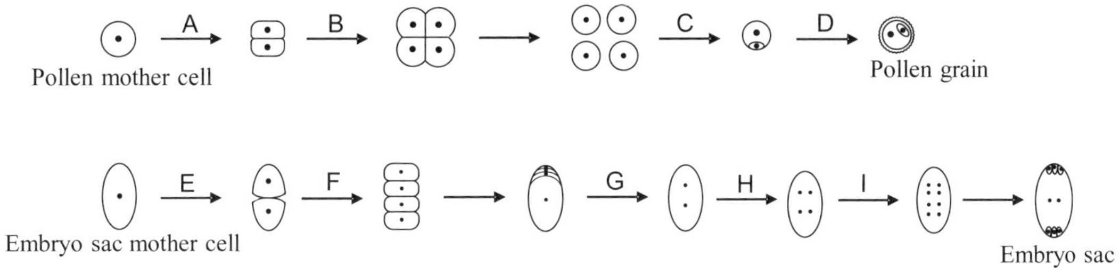

	Steps where meiosis occurs	No. of embryo sac mother cells
①	A, B and E, F	10
②	A, B and E, F	40
③	A, B and G, H	10
④	A, B and G, H	40
⑤	C, D and E, F	10
⑥	C, D and E, F	40
⑦	C, D and H, I	10
⑧	C, D and H, I	40

Q10 The following figure schematically represents the human circulatory system. A−F represent blood vessels, and the arrows indicate the direction of blood flow. I−III below each describe a characteristic of blood flowing through one of the blood vessels among A−F. From ①−⑧ below choose the combination that correctly indicates the blood vessels among A−F through which the blood described in I−III flows.

10

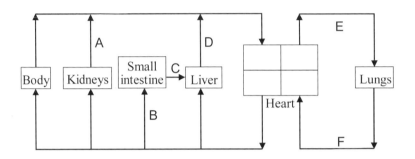

I : Blood with the lowest amount of nitrogen (N)-containing waste compounds such as urea

II : Blood with the highest amount of glucose immediately after eating

III: Blood with the largest amount of oxygen (O_2)

	I	II	III
①	A	B	E
②	A	B	F
③	A	C	E
④	A	C	F
⑤	D	B	E
⑥	D	B	F
⑦	D	C	E
⑧	D	C	F

Q11 The following statements a – d describe the human autonomic nervous system. From ①– ⑥ below choose the combination indicating the two statements that are correct.

a   Arrector pili muscles are innervated by both sympathetic nerves and parasympathetic nerves.

b   Gastrointestinal peristalsis is stimulated by the activity of sympathetic nerves, and inhibited by the activity of parasympathetic nerves.

c   Sympathetic nerves arise from the spinal cord.

d   The center of the autonomic nervous system is located in the hypothalamus of the diencephalon.

① a, b   ② a, c   ③ a, d   ④ b, c   ⑤ b, d   ⑥ c, d

Q12 The following figure schematically represents the cochlea of the human ear being stretched out. Answer questions (1) and (2) below concerning this.

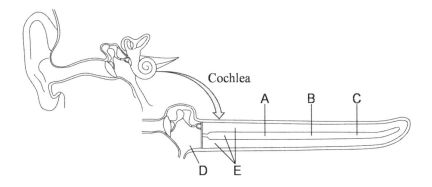

Cochlea

(1) From ①–⑥ below choose the answer that correctly arranges regions A – C of the figure in order of the sound frequency they receive, from high frequency to low. | 12 |

① A→B→C   ② A→C→B   ③ B→A→C

④ B→C→A   ⑤ C→A→B   ⑥ C→B→A

(2) What are regions D and E of the figure filled with? From ①–⑥ below choose the correct combination. | 13 |

	D	E
①	lymph	blood
②	lymph	air
③	lymph	lymph
④	air	blood
⑤	air	air
⑥	air	lymph

Q13 The following figure schematically represents an actin filament, which is involved in muscle contraction. Statements a – e below each describe part of the muscle contraction process. Referring to the figure, from ① – ⑥ below choose the answer that correctly arranges a – e in the order in which they occur.

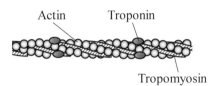

a   The structure of tropomyosin changes, enabling actin to bind with myosin.

b Ca^{2+} binds with troponin.

c   Excitation is conducted to the sarcoplasmic reticulum, resulting in the release of Ca^{2+} in the cell from the sarcoplasmic reticulum.

d   The structure of troponin changes, leading to a change in the structure of tropomyosin.

e   The muscle begins contracting.

①   a → b → c → d → e

②   a → c → b → d → e

③   b → a → d → c → e

④   b → c → d → a → e

⑤   c → a → b → d → e

⑥   c → b → d → a → e

Q14 The following paragraph describes seed germination of rice. From ① – ⑥ below choose the combination of terms that correctly fills blanks | a | and | b | in the paragraph. **15**

During seed germination, the plant hormone | a | is secreted from the embryo. The | a | stimulates the synthesis of amylase by acting on the aleurone layer, the tissue along the inner side of the seed coat. The amylase breaks down nutrients in the endosperm, which are absorbed by the embryo, resulting in invigoration of its metabolism. In contrast with | a |, | b | is a plant hormone known to inhibit seed germination.

	a	b
①	abscisic acid	auxin
②	abscisic acid	gibberellin
③	gibberellin	abscisic acid
④	gibberellin	auxin
⑤	auxin	abscisic acid
⑥	auxin	gibberellin

Q15 A survivorship curve is a graph that shows the decrease in the number of survivors in an organism population as time progresses from birth. The shapes of the survivorship curves differ depending on the species, and are largely divided into the three types shown in the following figure (curves A – C). Among the organisms listed in x and y below, which have a high fatality rate early in their lifespan (when they are young) and a lower fatality rate late in their lifespan (after they have aged)? Also, which curve among A – C represents their survivorship? From ① – ⑥ below choose the correct combination. 16

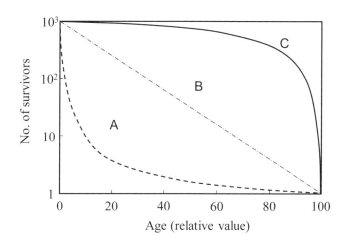

Note: The total number of organisms born is scaled to 1,000 in this survivorship curve.

x Monkeys, honey bees

y Sardines, oysters

	Organisms	Curve
①	x	A
②	x	B
③	x	C
④	y	A
⑤	y	B
⑥	y	C

Q16 The following table lists the energy balance (J/cm^2-year) of each trophic level of a certain ecosystem. Excretion is not listed because it is negligible. The gross primary productivity of producers is 467.6 J/cm^2-year. From ① – ⑥ below choose the combination that correctly indicates the net primary production (J/cm^2-year) of producers, and the quantity that fills blank ⬚a⬚ in the table. **17**

Trophic level	Feeding	Dead plant tissue, death	Respiration	Growth
Producers	62.2	11.8	98.3	295.3
Primary consumers	13.0	1.3	18.3	a
Secondary consumers	0	Minimal	7.6	5.4

	Net primary production	a
①	172.3	7.8
②	172.3	29.6
③	369.3	29.6
④	369.3	47.9
⑤	405.4	47.9
⑥	405.4	49.2

Q17 The following figure is a simplified representation of plant phylogeny. Statements x – z below describe characteristics of plants in the figure. From ① – ⑥ below choose the combination that correctly match the statements with A – C in the figure.

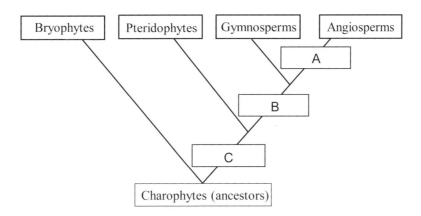

x   They have true roots, stems, and leaves, and their stems have vascular bundles.

y   Their ovules are contained in ovaries.

z   They form seeds.

	A	B	C
①	x	y	z
②	x	z	y
③	y	x	z
④	y	z	x
⑤	z	x	y
⑥	z	y	x

End of Biology questions. Leave the answer spaces **19** ～ **75** blank.

Please check once more that you have properly marked the name of your subject as "Biology" on your answer sheet.

Do not take this question booklet out of the room.

2021 Examination for Japanese University Admission
for International Students

Japan and the World

(80 min.)

I Rules of Examination

1. Do not leave the room without the proctor's permission.

2. Do not take this question booklet out of the room.

II Rules and Information Concerning the Question Booklet

1. Do not open this question booklet until instructed.

2. After instruction, write your name and examination registration number in the space provided below, as printed on your examination voucher.

3. This question booklet has 27 pages.

4. If your question booklet is missing any pages, raise your hand.

5. You may write notes and calculations in the question booklet.

III Rules and Information Concerning the Answer Sheet

1. You must mark your answers on the answer sheet with an HB pencil.

2. Each question is identified by one of the row numbers **1** , **2** , **3** , ⋯. Follow the instruction in the question and completely fill in your answer in the corresponding row of the answer sheet (mark-sheet).

3. Make sure also to read the instructions on the answer sheet.

※ Once you are instructed to start the examination, fill in your examination registration number and name.

Examination registration number		✱				✱						
Name												

Q1 Read the following paragraphs and answer questions (1)–(4) below.

Germany was divided into two states, East Germany and West Germany, following World War II, but it was ₁reunified in 1990. The capital of Germany is ₂Berlin, which has a population of more than 3.5 million people and is the nation's largest city.

As for its ₃political system, Germany uses a federal system that clearly divides authority between the federal government and 16 state governments.

In terms of economy, Germany's gross domestic product (GDP) is the largest in the European Union (EU). Moreover, ₄Germany conducts a large volume of trade. Its value of trade is the third largest in the world, and its trade surplus is the second largest.

(1) With reference to underlined item **1**, events A–C below occurred in the years surrounding the reunification of Germany. From ①–④ below choose the answer that correctly arranges these events in chronological order. ┃ **1** ┃

A : Malta Summit

B : Final dissolution of the USSR

C : Fall of the Berlin Wall

① A → B → C

② A → C → B

③ C → A → B

④ C → B → A

(2) With reference to underlined item **2**, from ①-④ on the map below choose the answer that correctly indicates the location of Berlin.

2

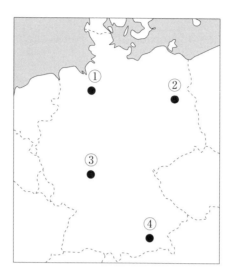

(3) With reference to underlined item **3**, from ①-④ below choose the statement that best describes Germany's political system.

3

① In the federal government, the Federal President is in charge of foreign relations, while the Federal Chancellor is in charge of domestic affairs.

② Germany does not have a President; the Federal Chancellor and the Ministers-President of the states hold strong power.

③ The Federal President is directly elected by the people and holds strong power as the head of state.

④ The Federal Chancellor is elected by the *Bundestag* (federal parliament) and holds political power, while the Federal President performs a largely ceremonial role.

(4) With reference to underlined item **4**, from ①-④ below choose the combination that best indicates the major exports of Germany. **4**

  ①   vegetables and fruits, clothing

  ②   dairy products, meat

  ③   machinery, automobiles

  ④   petroleum products, machinery

Q2 Read the following paragraphs and answer questions (1)–(4) below.

Coal is formed through the accumulation of ancient plant material and its conversion by carbonization over a very long time. Coal is found in relative abundance in ₁old orogenic belts. It has been a principal source of energy since the Industrial Revolution. Consequently, international disputes over coal have occurred over the years. The ₂European Coal and Steel Community (ECSC), a forerunner to the EU, was formed partly to prevent such disputes by placing coal and steel production as a whole under a common high-level authority.

Compared with petroleum and natural gas, coal has the advantages that ₃it has many proven recoverable reserves and its geographical distribution is not uneven. On the other hand, coal also has disadvantages such as its relatively low calorific value per unit weight and its heavy impact on the environment. For these reasons, coal was demoted from its position as the principal source of energy. However, the usefulness of coal was reevaluated after the price of crude oil soared in ₄the two oil crises. Today, technologies to reduce the impact of coal on the environment have been developed.

(1) With reference to underlined item **1**, from ①–④ below choose the answer that best indicates a mountain range considered part of an old orogenic belt. $\boxed{5}$

① Andes Mountains

② Alps

③ Atlas Mountains

④ Appalachian Mountains

(2) With reference to underlined item **2**, from ①-④ below choose the combination that best indicates the countries that led the establishment of the ECSC. $\boxed{\textbf{6}}$

① France, West Germany

② UK, Spain

③ UK, West Germany

④ France, Spain

(3) With reference to underlined item **3**, the following table lists the top five countries in terms of coal production, proven recoverable reserves, and export, and their share of the global total. From ①-④ below choose the combination that correctly identifies the countries represented by A–D in the table. Figures for production and export are for 2017; figures for proven recoverable reserves are as of the end of 2014. **7**

%

	Production		Proven recoverable reserves		Export	
1	A	54.7	C	31.9	Indonesia	29.2
2	India	10.5	A	17.8	B	28.4
3	Indonesia	7.2	India	12.2	D	13.6
4	B	6.4	D	10.0	Colombia	7.7
5	C	5.0	B	8.9	C	6.0

Source: *Sekai Kokusei-zue 2020/21*

Note: Production by China includes lignite (brown coal).

	A	B	C	D
①	China	Australia	USA	Russia
②	China	Australia	Russia	USA
③	Australia	China	USA	Russia
④	Australia	China	Russia	USA

(4) With reference to underlined item **4**, from ①-④ below choose the combination that best indicates the events that triggered the first and second oil crises. **8**

	First Oil Crisis	Second Oil Crisis
①	Suez Crisis	Gulf War
②	Suez Crisis	Iranian Revolution
③	Yom Kippur War (October War)	Gulf War
④	Yom Kippur War (October War)	Iranian Revolution

Q3 Read the following paragraph and from ①-④ below choose the combination of economists that best fills blanks ⬚a⬚ and ⬚b⬚ in the paragraph. **9**

⬚a⬚ argued that the central bank's implementation of monetary policy according to rules it set is key to macroeconomic stability. The idea that economic policy should be implemented based on rules stands in opposition to that of ⬚b⬚, who held that the authorities should engage in discretionary demand management depending on the economic conditions.

	a	b
①	Milton Friedman	Karl Marx
②	Milton Friedman	John Maynard Keynes
③	Joseph Alois Schumpeter	Karl Marx
④	Joseph Alois Schumpeter	John Maynard Keynes

Q4 Let us suppose that the supply curve for the overall market of a certain consumer good is as indicated by the solid-line curve A in the figure below. Next, let us suppose that an indirect tax is levied on companies supplying this good at a rate of X yen per unit sold, and consequently the supply curve shifts to the broken-line curve B shown in the figure. From ①-④ below choose the statement that best describes the expected effect of the tax in this case. Assume that the shape of the demand curve is the normal shape, that is, downward sloping. **10**

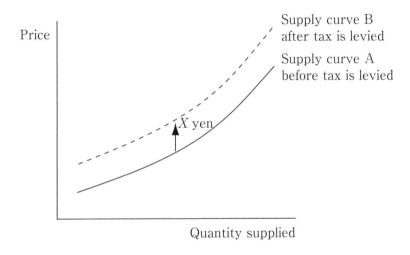

① Total sales including the tax increase.

② The number of units sold decreases.

③ The quantity supplied increases.

④ The selling price, including tax, increases by X yen.

Q5 The amount of economic activity engaged in during a certain period is referred to as a flow. On the other hand, its accumulation is referred to as a stock. From ①-④ below choose the combination that does **not** appropriately represent examples of flow and stock variables. 　　|11|

	Flow	Stock
①	interest income	deposit interest rate
②	budget deficit	outstanding government bonds
③	current account	net international investment position
④	capital investment	capital stock

Q6 From ①-④ below choose the statement that best describes an oligopolistic market. 　　|12|

① It is likely to occur in industries that companies can easily enter.

② Prices are unlikely to decrease.

③ Overproduction is likely to occur.

④ It is difficult to exclude consumers that do not pay fees.

Q7 From ①-④ below choose the statement that best describes the composition of financial assets of Japanese households. 〔**13**〕

① Stock holdings make up the largest proportion of assets, while cash and deposits represent a relatively small proportion.

② Stock holdings make up almost as large a proportion of assets as cash and deposits.

③ Almost no assets are held in forms other than cash and deposits.

④ Cash and deposits make up the largest proportion of assets, while stock holdings represent a relatively small proportion.

Q8 From ①-④ below choose the statement that best characterizes consumption taxes in comparison with income taxes. 〔**14**〕

① Tax revenue is less likely to be affected by business fluctuations.

② The cost of tax collection is higher.

③ The income redistribution effect is greater.

④ It is more likely that the bearers of the tax burden are the taxpayers.

Q9 The figure below shows changes in the value of manufactured goods shipments of the Keihin, Chukyo, Hanshin, and Kitakyushu industrial areas as a percentage of Japan's total, for the years from 1950 to 2017. From ①–④ below choose the line that represents the Keihin industrial area. ⬚**15**

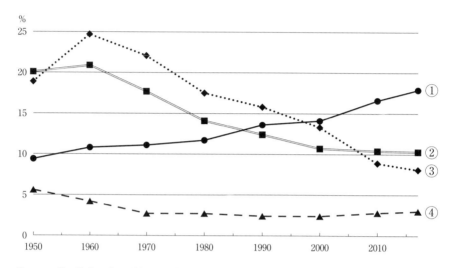

Source: *Suuji de miru Nihon no hyakunen,* rev. 7th ed

Q10 The following table shows the number of laborers needed to produce one unit each of goods A and B in countries X and Y. Let us suppose that country X has an absolute disadvantage in relation to country Y in production of either good, but has a comparative advantage for good A. From ①-④ below choose the answer that best indicates the value represented by α in the table. Assume that both goods require only labor for their production. ⬚16

	Country X	Country Y
Good A	20	15
Good B	40	α

① 20

② 30

③ 40

④ 60

Q11 From ①-④ below choose the statement that best describes developing countries after World War II. ⬚17

① The World Trade Organization (WTO) was established as an organization for promoting economic cooperation among developing countries.

② Because developing countries dependent on primary commodities for their exports suffered from worsening terms of trade, the Generalized System of Preferences was abolished.

③ Some of the countries that faced an accumulated debt crisis actually declared sovereign default.

④ The United Nations General Assembly adopted a resolution against resource nationalism in response to growing conflict between countries with resources and those without.

Q12 The following figure plots the public and private expenditures on health (as a ratio of GDP, for 2013) for members of the Organisation for Economic Co-operation and Development (OECD) and BRICS. From ①-④ below choose the answer that correctly indicates the USA. 　**18**

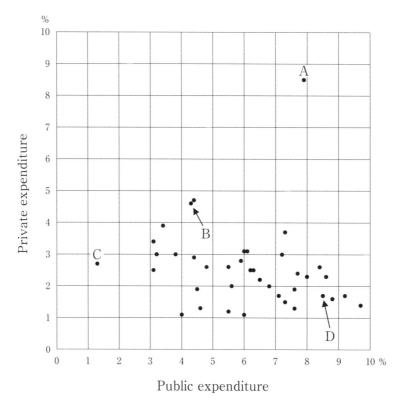

Source: *OECD Factbook 2015-2016: Economic, Environmental and Social Statistics*

① 　A

② 　B

③ 　C

④ 　D

Q13 The following figure shows changes (every five years from 1965 to 2015) in the soybean production of the world's four largest soybean producers in 2015. From ①-④ below choose the answer that correctly identifies the country represented by X in the figure. `19`

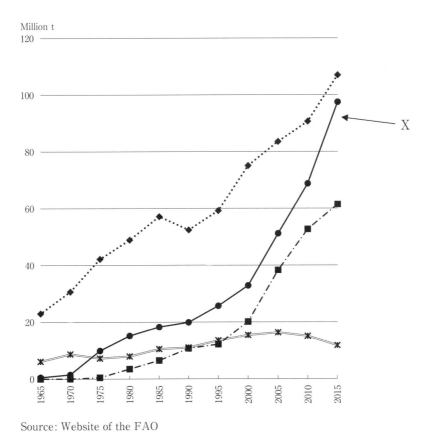

Source: Website of the FAO

① China

② USA

③ Brazil

④ Argentina

Q14　The following map shows Australia. The four hythergraphs under it each represent the cities A–D shown on the map. From ①–④ below choose the hythergraph that correctly represents city C on the map. **20**

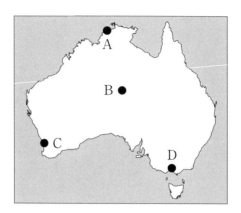

①

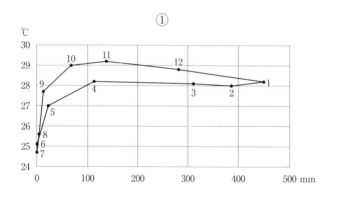

②　③

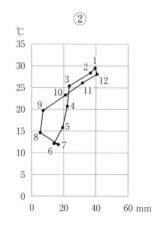

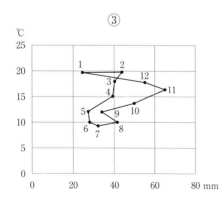

④

Source: *Rika Nenpyou 2021*

Q15 The following figure shows lines of longitude and latitude as seen from the north pole. The black dots (●) correctly represent the location of three cities among London, New Orleans, Sydney, and Dhaka. However, the other city is shown in a position considerably different from its actual location. From ①-④ below choose the answer indicating that city. | 21 |

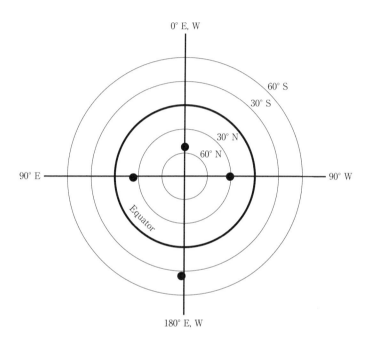

① London

② New Orleans

③ Sydney

④ Dhaka

Q16 From ①-④ below choose the figure that best represents a topographic profile of line A-B shown on the following 1:25,000 topographic map. **22**

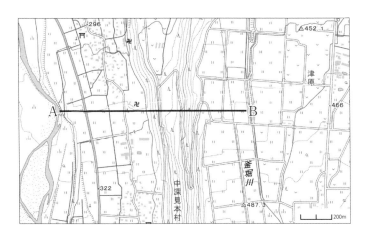

Source: GSI Maps

①

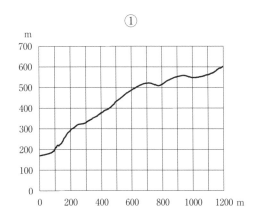

②

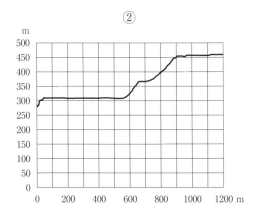

③

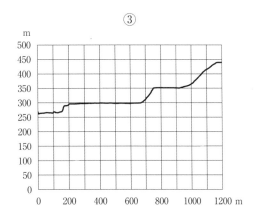

④

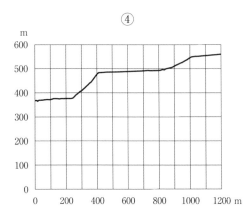

Q17 The world population has roughly doubled in the past 50 years. However, the rate of population growth has varied by region. The following table lists regions of the world in order of their population growth rate between 1970 and 2020, from highest to lowest. From ①-④ below choose the combination that correctly identifies the regions represented by A-C in the table. **23**

Million

	1970	2020
A	363	1,341
B	287	654
Asia	2,142	4,641
Oceania	20	43
C	231	369
Europe	657	748
World Population	3,700	7,795

Source: *Sekai Kokusei-zue 2020/21*

	A	B	C
①	Africa	North America	Latin America
②	Africa	Latin America	North America
③	Latin America	North America	Africa
④	Latin America	Africa	North America

Note: North America refers to Northern America. Latin America comprises the Caribbean nations, Central America, and South America.

Q18　The following map shows the top four European countries (shaded) in terms of the number of a certain livestock raised in 2018. From ①-④ below choose the answer that best identifies that livestock. Note that Russia is not included in Europe.　**24**

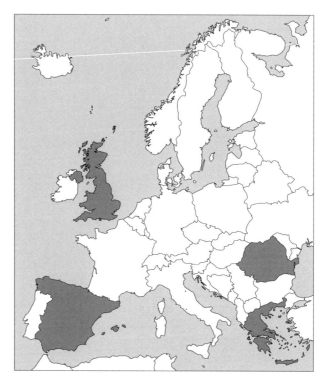

Source: *Sekai Kokusei-zue 2020/21*

①　cattle

②　pigs

③　chickens

④　sheep

Q19 Read the following paragraph and from ①-④ below choose the term that best fills blank ☐a☐ in the paragraph. **25**

19th-century German philosopher Ferdinand Lassalle criticized the idea of laissez-faire states that limited the role of government to basically military, judicial, and foreign affairs by using the term ☐a☐ to refer to this type of state.

① night-watchman state

② welfare state

③ administrative state

④ legislative state

Q20 From ①-④ below choose the statement that best describes the parallel systems of single-seat constituencies and proportional representation used for general elections of members of the House of Representatives in Japan. **26**

① In the proportional representation system, voters cast their ballot for either a candidate or a political party.

② In the proportional representation system, the entire country is treated as one electoral bloc.

③ There are more members elected by the proportional representation system than members elected by the single-seat constituency system.

④ One candidate can run for election in both the single-seat constituency system and the proportional representation system.

Q21 From ①-④ below choose the statement that best indicates a function of the Diet prescribed by the Constitution of Japan. **27**

① The Diet audits final accounts of the expenditures and revenues of the state.

② The Diet designates the Prime Minister.

③ The Diet concludes treaties.

④ The Diet determines the constitutionality of laws and orders.

Q22 From ①-④ below choose the statement that best describes a principle of criminal investigations or trials as prescribed by the Constitution of Japan. **28**

① An act that was lawful at the time it occurred cannot be retroactively punished in the event that it later becomes illegal.

② Once the accused is acquitted, that judgment becomes final because of the principle that any changes disadvantageous to the accused must not be made.

③ As compulsory dispositions, apprehension and detention for criminal investigations require a warrant issued by the police, unless the accused is apprehended while the offense is being committed.

④ Persons apprehended in the act of murder are not allowed to request an attorney, in the interest of protecting the rights of the victim and the surviving family.

Q23 From ①-④ below choose the answer correctly indicating the constitution that, by including the idea that the order of economic life must conform to the principles of justice to the end that all may be guaranteed a decent standard of living, became the world's first constitution to guarantee social rights. **29**

① Constitution of Japan

② Stalin Constitution

③ Weimar Constitution

④ Constitution of the United States

Q24 One of the three main principles of the Constitution of Japan is respect for fundamental human rights. On the other hand, the restriction of fundamental human rights is permitted if and only if the exercise of those rights "interfere[s] with the public welfare." From ①-④ below choose the answer that best represents an example of this restriction. **30**

① Trials of political offenses can be closed to the public for the sake of a witness's safety.

② Censorship of publications is allowed for the purpose of preserving public order.

③ Candidates for an assembly can be required to take an exam in order to ensure that only competent people will be elected.

④ Land owned by individuals can be expropriated with just compensation for the purpose of constructing dams, roads, etc.

Q25 From ①-④ below choose the statement that best describes an international agreement for protecting the environment. $\boxed{31}$

① The Kyoto Protocol regulates the protection of wetlands of importance, especially as waterfowl habitats.

② The Washington Convention regulates international trade in endangered wild plants and animals.

③ The Montreal Protocol regulates transboundary movements of hazardous wastes and their disposal.

④ The Basel Convention regulates the production of harmful substances that deplete the ozone layer.

Q26 From ①-④ below choose the answer that correctly indicates the scholar who wrote *On the Law of War and Peace* in 1625, during the Thirty Years' War, and held that international relations, among other things, are governed by human reason and natural law. $\boxed{32}$

① John Locke

② Hugo Grotius

③ Edward Coke

④ Charles-Louis de Montesquieu

Q27 From ①-④ below choose the statement that best describes the International Court of Justice (ICJ). ⬛**33**

① Its decisions are legally binding, and the states party to a dispute must comply with the decision.

② It is able to compulsorily commence cases without agreement between the states party to a dispute.

③ Its purpose is to prosecute and punish individuals for serious crimes committed in conflicts.

④ It is the world's first international court to be composed of judges selected by agreement between the parties to a dispute.

Q28 Modes of transportation were improved along with the advancement of the Industrial Revolution, which began in the UK in the 18th century. From ①-④ below choose the answer that best describes an example of such an improvement in the UK. ⬛**34**

① Steamboats evolved in the early half of the 18th century, leading to the development of a network of canals.

② The invention of airplanes in the latter half of the 18th century helped to shorten the time needed to transport goods.

③ The first practical steam locomotive was developed in the first half of the 19th century, and afterwards steam locomotives became widely used.

④ The successful mass production of automobiles in the latter half of the 19th century enabled many people to own their own automobile.

Q29　From ①-④ below choose the statement that best indicates an action required by the Treaty of Tientsin, which was signed between the Qing Empire and Western powers during the Second Opium War.　**35**

①　prohibition of the opium trade

②　permitting missionary activities to propagate Christianity

③　opening of Shanghai port to international trade

④　recognition of most-favored-nation treatment for the Western powers

Q30　From ①-④ below choose the statement that best describes the foreign policy of Wilhelm II, who became German Emperor in 1888.　**36**

①　He built the Suez Canal and sought to expand trade with Asian countries.

②　He concluded the Reinsurance Treaty with Russia, with the aim of isolating France.

③　He rapidly developed naval power, triggering a naval arms race with the UK.

④　He did not seek to acquire colonies, acting instead as a mediator who coordinated the interests of the great powers.

Q31　US Secretary of State George C. Marshall announced a plan in June 1947. From ①-④ below choose the answer that best describes the basic purpose of the plan, which became known as "the Marshall Plan."　**37**

①　democratization of Japan

②　provision of development assistance to Asian countries

③　establishment of a military alliance with South American countries

④　provision of economic recovery assistance to European countries

Q32   The following graph shows the penetration rate of electric refrigerators, electric washers, black-and-white televisions, and passenger cars in Japan. From ①-④ below choose the line that correctly represents that of passenger cars.   **38**

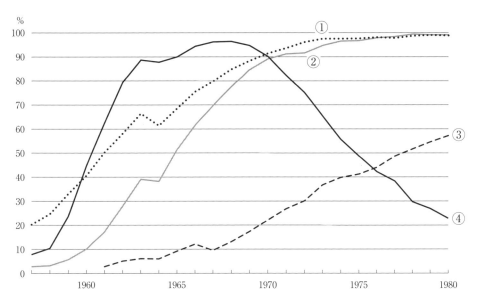

Source: Cabinet Office, Government of Japan, *Shouhi doukou chousa*

The end of the questions for Japan and the World. Leave answer spaces **39** — **60** blank.

Do not take this question booklet out of the room.

2021 Examination for Japanese University Admission
for International Students

Mathematics (80 min.)

【Course 1 (Basic), Course 2 (Advanced)】

※ Choose <u>one</u> of these courses and answer its questions only.

I   Rules of Examination

1. Do not leave the room without proctor's permission.

2. Do not take this question booklet out of the room.

II   Instructions for the Question Booklet

1. Do not open this question booklet until instructed.

2. After being instructed, write your name and examination registration number in space provided below, as printed on your examination voucher.

3. Course 1 is on pages 1-13, and Course 2 is on pages 15-27.

4. If your question booklet is missing any pages, raise your hand.

5. You may write notes and calculations in the question booklet.

III   Instructions for how to answer the questions

1. You must mark your answers on the answer sheet with an HB pencil.

2. Each letter **A**, **B**, **C**, ⋯ in the questions represents a numeral (from 0 to 9) or the minus sign($-$). When you mark your answers, fill in the oval completely for each letter in the corresponding row of the answer sheet(mark-sheet).

3. Sometimes an answer such as $\boxed{A}$ or $\boxed{BC}$ is used later in the question. In such a case, the symbol is shaded when it is used later, as $\boxed{A}$ or $\boxed{BC}$.

Note the following :

(1) Reduce square roots ($\sqrt{}$) as much as possible.

(Example: Express $\sqrt{32}$ as $4\sqrt{2}$, not as $2\sqrt{8}$ or $\sqrt{32}$.)

(2) For fractions, attach the minus sign to the numerator, and reduce the fraction to its lowest terms.

(Example: Substitute $\frac{1}{3}$ for $\frac{2}{6}$. Also simplify as follows:

$-\frac{2}{\sqrt{6}} = \frac{-2\sqrt{6}}{6} = \frac{-\sqrt{6}}{3}$. Then apply $\frac{-\sqrt{6}}{3}$ to the answer.)

(3) If your answer to $\dfrac{\boxed{A}\sqrt{\boxed{B}}}{\boxed{C}}$ is $\dfrac{-\sqrt{3}}{4}$, mark as shown below.

(4) If the answer to $\boxed{DE}\,x$ is $-x$, mark "$-$" for **D** and "1" for **E** as shown below.

A	● ⓪ ① ② ③ ④ ⑤ ⑥ ⑦ ⑧ ⑨
B	⊖ ⓪ ① ② ● ④ ⑤ ⑥ ⑦ ⑧ ⑨
C	⊖ ⓪ ① ② ③ ● ⑤ ⑥ ⑦ ⑧ ⑨
D	● ⓪ ① ② ③ ④ ⑤ ⑥ ⑦ ⑧ ⑨
E	⊖ ⓪ ● ② ③ ④ ⑤ ⑥ ⑦ ⑧ ⑨

4. Carefully read the instructions on the answer sheet, too.

※ Once you are instructed to start the examination, fill in your examination registration number and name.

Examination registration number		*				*					
Name											

Mathematics Course 1
(Basic Course)

(Course 2 begins on page 15)

Marking Your Choice of Course on the Answer Sheet

Choose to answer <u>either</u> Course 1 or Course 2.

If you choose Course 1, for example, circle the label "Course 1" and completely fill in the oval under the label on your answer sheet as shown in the example on the right.

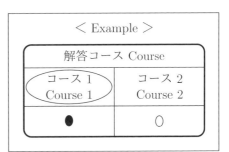

If you do not correctly fill in the appropriate oval, your answers will not be graded.

Mathematics－2

I

Q 1   Consider the two quadratic functions

$$f(x) = -2x^2, \quad g(x) = x^2 + ax + b.$$

Function $g(x)$ satisfies the following two conditions:

(i)   the value of $g(x)$ is minimized at $x = 3$;

(ii) $g(4) = f(4)$.

(1)   From condition (i) we see that $a = -\boxed{\text{A}}$. Further, from condition (ii) we see that $b = -\boxed{\text{BC}}$. Hence the minimum value of function $g(x)$ is $-\boxed{\text{DE}}$.

(2)   Let us find the value of x such that $f(x) = g(x)$ and x is not 4. Since x satisfies

$$x^2 - \boxed{\text{F}}\,x - \boxed{\text{G}} = 0,$$

we obtain $x = -\boxed{\text{H}}$.

(3)   The value of $f(x) - g(x)$ on $-\boxed{\text{H}} \leqq x \leqq 4$ is maximized at $x = \boxed{\text{I}}$, and its maximum value is $\boxed{\text{JK}}$.

- memo -

Q 2   For a game, each of two people, A and B, has a bag containing three cards on which the numbers 1, 2, and 3 are written, each number on a different card. In the game, A and B each take out one card from their own bag and compare the numbers. If the numbers are the same, the game is a draw. If the numbers are different, the person with the greater number wins.

(1)   For a single game the probability of a draw is $\dfrac{\boxed{\text{L}}}{\boxed{\text{M}}}$.

(2)   If this game is successively played four times, replacing the cards after each game, let us find the probabilities for the following.

    (i)   The probability that A wins three times or more is $\dfrac{\boxed{\text{N}}}{\boxed{\text{O}}}$.

    (ii)   The probability that A wins once and loses once and two games are draws is $\dfrac{\boxed{\text{P}}}{\boxed{\text{QR}}}$.

    (iii)   The probability that the number of times that A wins and the number of times that B wins are the same is $\dfrac{\boxed{\text{ST}}}{\boxed{\text{UV}}}$. Hence, the probability that the number of times that A wins is greater than the number of times that B wins is $\dfrac{\boxed{\text{WX}}}{\boxed{\text{UV}}}$.

- memo -

This is the end of the questions for I . Leave the answer spaces **Y** , **Z** of I blank.

II

Q 1 Answer the following questions.

(1) The positive integers m and n which simultaneously satisfy the following two inequalities

$$\frac{m}{3} < \sqrt{3} < \frac{n}{4}, \quad \frac{n}{3} < \sqrt{6} < \frac{m}{2}$$

are

$$m = \boxed{\text{A}}, \quad n = \boxed{\text{B}}.$$

(2) Using the results of (1), let us compare the sizes of numbers ① ~ ⑤.

① $\left(\sqrt{(-3)(-4)}\right)^3$ ② $6\sqrt{(-2)^3(-3)}$ ③ $\sqrt{\{(-4)(-3)^2\}^2}$

④ $(-1)^3\sqrt{\{(-2)^5\}^2}$ ⑤ $\left(\dfrac{5\sqrt{3}}{1-\sqrt{6}}\right)^2$

When the denominator of ⑤ is rationalized, we have

$$\left(\frac{5\sqrt{3}}{1-\sqrt{6}}\right)^2 = \boxed{\text{CD}} + \boxed{\text{E}}\sqrt{\boxed{\text{F}}}.$$

Of the five numbers, there are $\boxed{\text{G}}$ number(s) greater than 35 and $\boxed{\text{H}}$ negative number(s).

When we arrange the five numbers in the ascending order of their size using the numbers ① ~ ⑤, we have

$$\boxed{\text{I}} < \boxed{\text{J}} < \boxed{\text{K}} < \boxed{\text{L}} < \boxed{\text{M}}.$$

- memo -

Q 2   The function $f(x) = x^2 + ax + b$ satisfies the following two conditions:

(i) $f(3) = 1$;

(ii) $13 \leqq f(-1) \leqq 25$.

We are to express the minimum value m of $f(x)$ in terms of a. In addition, we are to find the maximum and minimum values of m.

From condition (i), a and b satisfy

$$\boxed{\text{N}}\, a + b + \boxed{\text{O}} = 0.$$

From this, $f(x)$ can be expressed in terms of a as

$$f(x) = x^2 + ax - \boxed{\text{P}}\, a - \boxed{\text{Q}}.$$

Hence from condition (ii), a satisfies

$$-\boxed{\text{R}} \leqq a \leqq -\boxed{\text{S}}.$$

On the other hand, m can be expressed in terms of a as

$$m = -\frac{1}{\boxed{\text{T}}}\left(a + \boxed{\text{U}}\right)^2 + \boxed{\text{V}}.$$

Thus m is maximized at $a = -\boxed{\text{W}}$, and its maximum value is $\boxed{\text{X}}$; it is minimized at $a = -\boxed{\text{Y}}$, and its minimum value is $\boxed{\text{Z}}$.

- memo -

This is the end of the questions for II .

Let N be a positive integer. Both when it is written in base 5 and when it is written in base 9, it is a 3-digit number, but the order of the numerals is reversed. We are to represent N in base 10 (decimal) and in base 4.

Let N be abc in base 5 and cba in base 9. Then we have

$$\boxed{A} \leqq a \leqq \boxed{B}, \quad \boxed{C} \leqq b \leqq \boxed{D}, \quad \boxed{E} \leqq c \leqq \boxed{F}. \quad \cdots\cdots \text{①}$$

Since we also have

$$N = \boxed{GH}\,a + \boxed{I}\,b + c = \boxed{JK}\,c + \boxed{L}\,b + a,$$

we obtain

$$b = \boxed{M}\,a - \boxed{NO}\,c. \quad \cdots\cdots \text{②}$$

The a, b and c satisfying ① and ② are

$$a = \boxed{P}, \quad b = \boxed{Q}, \quad c = \boxed{R}.$$

Thus N expressed in base 10 is $\boxed{STU}$, and N expressed in base 4 is $\boxed{VWXY}$.

- memo -

This is the end of the questions for III. Leave the answer space **Z** of III blank.

−275−

IV

In a triangle ABC, let $\angle B = 45°$ and $\angle C = 75°$, and let D be the intersection of the bisector of $\angle A$ and side BC.

(1)   From the law of sines we have

$$AC = \frac{\sqrt{\boxed{\textbf{A}}}}{\boxed{\textbf{B}}}\ BC, \qquad AD = \sqrt{\boxed{\textbf{C}}}\ BD.$$

In particular, from $\angle ADC = \boxed{\textbf{DE}}^{\circ}$ we see that

$$BD : BC = \boxed{\textbf{F}} : \sqrt{\boxed{\textbf{G}}}$$

and hence we have

$$AB : AC = \boxed{\textbf{H}} : \left(\sqrt{\boxed{\textbf{I}}} - \boxed{\textbf{J}}\right).$$

(2)   Let O_1 be the center of the circumscribed circle of triangle ABD, and let O_2 be the center of the circumscribed circle of triangle ADC. Let us find the ratio of the areas of triangle ABC and triangle AO_1O_2, $\triangle ABC : \triangle AO_1O_2$.

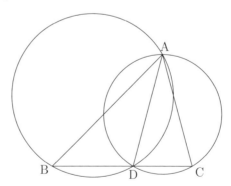

Since $\angle AO_1D = \boxed{\textbf{KL}}^{\circ}$ and $\angle AO_2O_1 = \boxed{\textbf{MN}}^{\circ}$, by the same reasoning as (1), we have

$$AC = \sqrt{\boxed{\textbf{O}}}\ AO_1, \qquad AO_2 = \left(\sqrt{\boxed{\textbf{P}}} - \boxed{\textbf{Q}}\right) AO_1.$$

Hence we obtain

$$\triangle ABC : \triangle AO_1O_2 = \boxed{\textbf{R}} : \left(\boxed{\textbf{S}} - \sqrt{\boxed{\textbf{T}}}\right).$$

- memo -

This is the end of the questions for $\boxed{\text{IV}}$. Leave the answer spaces $\boxed{\textbf{U}} \sim \boxed{\textbf{Z}}$ of $\boxed{\text{IV}}$ blank.

This is the end of the questions for Course 1. Leave the answer spaces for $\boxed{\text{V}}$ blank.

Please check once more that you have properly marked your course number as "Course 1" on your answer sheet.

Do not take this question booklet out of the room.

Mathematics Course 2
(Advanced Course)

Marking Your Choice of Course on the Answer Sheet

Choose to answer <u>either</u> Course 1 or Course 2.

If you choose Course 2, for example, circle the label "Course 2" and completely fill in the oval under the label on your answer sheet as shown in the example on the right.

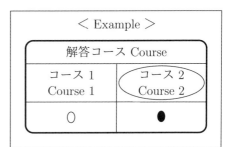

If you do not correctly fill in the appropriate oval, your answers will not be graded.

I

Q 1   Consider the two quadratic functions

$$f(x) = -2x^2, \quad g(x) = x^2 + ax + b.$$

Function $g(x)$ satisfies the following two conditions:

      (i)   the value of $g(x)$ is minimized at $x = 3$;

      (ii) $g(4) = f(4)$.

(1)   From condition (i) we see that $a = -\boxed{\textbf{A}}$. Further, from condition (ii) we see that $b = -\boxed{\textbf{BC}}$. Hence the minimum value of function $g(x)$ is $-\boxed{\textbf{DE}}$.

(2)   Let us find the value of x such that $f(x) = g(x)$ and x is not 4. Since x satisfies

$$x^2 - \boxed{\textbf{F}}\,x - \boxed{\textbf{G}} = 0,$$

we obtain $x = -\boxed{\textbf{H}}$.

(3)   The value of $f(x) - g(x)$ on $-\boxed{\textbf{H}} \leqq x \leqq 4$ is maximized at $x = \boxed{\textbf{I}}$, and its maximum value is $\boxed{\textbf{JK}}$.

- memo -

Q 2　For a game, each of two people, A and B, has a bag containing three cards on which the numbers 1, 2, and 3 are written, each number on a different card. In the game, A and B each take out one card from their own bag and compare the numbers. If the numbers are the same, the game is a draw. If the numbers are different, the person with the greater number wins.

(1)　For a single game the probability of a draw is $\dfrac{\boxed{\text{L}}}{\boxed{\text{M}}}$.

(2)　If this game is successively played four times, replacing the cards after each game, let us find the probabilities for the following.

　(i)　The probability that A wins three times or more is $\dfrac{\boxed{\text{N}}}{\boxed{\text{O}}}$.

　(ii)　The probability that A wins once and loses once and two games are draws is $\dfrac{\boxed{\text{P}}}{\boxed{\text{QR}}}$.

　(iii)　The probability that the number of times that A wins and the number of times that B wins are the same is $\dfrac{\boxed{\text{ST}}}{\boxed{\text{UV}}}$. Hence, the probability that the number of times that A wins is greater than the number of times that B wins is $\dfrac{\boxed{\text{WX}}}{\boxed{\text{UV}}}$.

- memo -

This is the end of the questions for $\boxed{\text{I}}$. Leave the answer spaces $\boxed{\textbf{Y}}$, $\boxed{\textbf{Z}}$ of $\boxed{\text{I}}$ blank.

Q 1　For $\boxed{\text{C}}$, $\boxed{\text{D}}$, $\boxed{\text{E}}$, $\boxed{\text{F}}$, $\boxed{\text{G}}$ in the following sentences, choose the correct answer from among choices ⓪ ∼ ⑨ below. For the other $\boxed{}$, enter the correct number.

Consider a regular tetrahedron OABC with sides of length 1. Let x be a number satisfying $0 < x < 1$, and let P be the point that divides side AB by the ratio $x : (1 - x)$ and Q be the point that divides side BC by the ratio $x : (1 - x)$. Also, let $\overrightarrow{\text{OA}} = \vec{a}$, $\overrightarrow{\text{OB}} = \vec{b}$ and $\overrightarrow{\text{OC}} = \vec{c}$. We are to find the range of values of $\cos \angle \text{POQ}$.

The vectors $\vec{a}$, $\vec{b}$ and $\vec{c}$ satisfy

$$\vec{a} \cdot \vec{b} = \vec{b} \cdot \vec{c} = \vec{c} \cdot \vec{a} = \frac{\boxed{\text{A}}}{\boxed{\text{B}}}.$$

Next, since we can express $\overrightarrow{\text{OP}}$ and $\overrightarrow{\text{OQ}}$ as $\overrightarrow{\text{OP}} = \boxed{\text{C}}$ and $\overrightarrow{\text{OQ}} = \boxed{\text{D}}$, we have

$$\left|\overrightarrow{\text{OP}}\right| = \left|\overrightarrow{\text{OQ}}\right| = \sqrt{\boxed{\text{E}}}, \qquad \overrightarrow{\text{OP}} \cdot \overrightarrow{\text{OQ}} = \boxed{\text{F}}.$$

Hence we obtain

$$\cos \angle \text{POQ} = \frac{1}{\boxed{\text{G}}} - \frac{\boxed{\text{H}}}{\boxed{\text{I}}}.$$

From this we finally obtain

$$\frac{\boxed{\text{J}}}{\boxed{\text{K}}} < \cos \angle \text{POQ} \leqq \frac{\boxed{\text{L}}}{\boxed{\text{M}}}.$$

⓪　$(1 - x)\vec{a} + x\vec{b}$　　①　$x\vec{a} + (1 - x)\vec{b}$　　②　$(1 - x)\vec{b} + x\vec{c}$

③　$x\vec{b} + (1 - x)\vec{c}$　　④　$x^2 + x + 1$　　⑤　$x^2 - x + 1$

⑥　$x^2 - x - 1$　　⑦　$\frac{1}{2}\left(-x^2 + x + 1\right)$　　⑧　$\frac{1}{2}\left(-x^2 - x + 1\right)$

⑨　$\frac{1}{2}\left(-x^2 + x - 1\right)$

- memo -

Q 2   We have a triangle ABC on the complex plane whose vertices are the three points $A(\alpha)$, $B(\beta)$ and $C(\gamma)$ that satisfy

$$\frac{\gamma - \alpha}{\beta - \alpha} = 1 - i.$$

(In the following, the range of an argument θ is $0 \leqq \theta < 2\pi$.)

(1)   When we express the complex number $\dfrac{\gamma - \alpha}{\beta - \alpha}$ in polar form, we have

$$\frac{\gamma - \alpha}{\beta - \alpha} = \sqrt{\boxed{N}}\left(\cos\frac{\boxed{O}}{\boxed{P}}\pi + i\sin\frac{\boxed{O}}{\boxed{P}}\pi\right).$$

Hence we see that point C is the point resulting from rotating point B by $\dfrac{\boxed{Q}}{\boxed{R}}\pi$ around point A and then changing its distance from point A to its distance multiplied by $\sqrt{\boxed{S}}$. From this we also see that the absolute value and the argument of the complex number $w = \dfrac{\gamma - \beta}{\alpha - \beta}$ are

$$|w| = \boxed{T} \quad \text{and} \quad \arg w = \frac{\boxed{U}}{\boxed{V}}\pi.$$

(2)   If $\alpha + \beta + \gamma = 0$, then we have that

$$|\alpha| : |\beta| : |\gamma| = \sqrt{\boxed{W}} : \sqrt{\boxed{X}} : \sqrt{\boxed{Y}}.$$

- memo -

This is the end of the questions for II . Leave the answer space **Z** of II blank.

We are to find the minimum value of the function

$$f(x) = 8^x + 8^{-x} - 3\left(4^{1+x} + 4^{1-x} - 2^{4+x} - 2^{4-x}\right) - 24$$

and the value of x at which the function takes this minimum value.

First, let us set $2^x + 2^{-x} = t$. Then, since

$$4^x + 4^{-x} = t^2 - \boxed{\textbf{A}} \qquad \text{and} \qquad 8^x + 8^{-x} = t^3 - \boxed{\textbf{B}}\,t,$$

$f(x)$ can be expressed as

$$f(x) = t^3 - \boxed{\textbf{CD}}\,t^2 + \boxed{\textbf{EF}}\,t.$$

When we consider the right side as a function of t and denote it by $g(t)$, its derivative is

$$g'(t) = \boxed{\textbf{G}}\left(t - \boxed{\textbf{H}}\right)\left(t - \boxed{\textbf{I}}\right),$$

where $\boxed{\textbf{H}} < \boxed{\textbf{I}}$.

Here, since $2^x + 2^{-x} = t$, the range of the values which t takes is

$$t \geqq \boxed{\textbf{J}}.$$

When $t = \boxed{\textbf{J}}$, we see that $g\left(\boxed{\textbf{J}}\right) = \boxed{\textbf{KL}}$. When $t > \boxed{\textbf{J}}$, $g(t)$ is

locally maximized at $t = \boxed{\textbf{M}}$, and its local maximum is $\boxed{\textbf{NO}}$,

and furthermore, it is

locally minimized at $t = \boxed{\textbf{P}}$, and its local minimum is $\boxed{\textbf{QR}}$.

Thus, the minimum value of $f(x)$ is $\boxed{\textbf{ST}}$, which is taken at

$$x = \boxed{\textbf{U}} \qquad \text{and} \qquad x = \log_2\left(\boxed{\textbf{V}} \pm \sqrt{\boxed{\textbf{WX}}}\right) - \boxed{\textbf{Y}}.$$

- memo -

This is the end of the questions for ⅢI . Leave the answer space Ｚ of ⅢI blank.

Let k be a positive real number. Consider the two curves

$$C_1 : y = \sin^2 x, \qquad C_2 : y = k \cos 2x \qquad \left(0 \leqq x \leqq \frac{\pi}{2} \right).$$

Let S_1 be the area of the region bounded by the two curves C_1, C_2 and the y-axis, and let S_2 be the area of the region bounded by the two curves C_1, C_2 and the straight line $x = \dfrac{\pi}{2}$. We are to show that the value of $S_2 - S_1$ is a constant independent of the value of k.

When we denote the x satisfying the equation $\sin^2 x = k \cos 2x$ by α, we have

$$\sin \alpha = \sqrt{\frac{k}{\boxed{A}\, k + \boxed{B}}}\,, \qquad \cos \alpha = \sqrt{\frac{k + \boxed{C}}{\boxed{D}\, k + \boxed{E}}}\,.$$

Then we have

$$S_1 = \frac{\boxed{F}}{\boxed{G}} \int_0^\alpha \left\{ \left(\boxed{H}\, k + \boxed{I} \right) \cos \boxed{J}\, x - 1 \right\} dx$$

$$= \frac{\boxed{K}}{\boxed{L}} \left\{ \sqrt{k \left(k + \boxed{M} \right)} - \alpha \right\},$$

$$S_2 = \frac{\boxed{N}}{\boxed{O}} \left\{ \sqrt{k \left(k + \boxed{P} \right)} - \alpha \right\} + \frac{\pi}{\boxed{Q}}\,.$$

Hence, we obtain

$$S_2 - S_1 = \frac{\pi}{\boxed{R}}\,,$$

which shows that the value of $S_2 - S_1$ is a constant independent of the value of k.

- memo -

日本語 JAPANESE AS A FOREIGN LANGUAGE　2021年度日本留学試験

2021 Examination for Japanese University Admission for International Students (EJU)

日本語　解答用紙　JAPANESE AS A FOREIGN LANGUAGE ANSWER SHEET

受験番号 Examinee Registration Number

名前 Name

↑ あなたの受験票と同じかどうか確かめてください。Check that these are the same as your Examination Voucher. ↑

聴読解 Listening-Reading Comprehension

解答番号	解答欄 Answer 1 2 3 4
練習	① ② ● ④
1	① ② ③ ④
2	① ② ③ ④
3	① ② ③ ④
4	① ② ③ ④
5	① ② ③ ④
6	① ② ③ ④
7	① ② ③ ④
8	① ② ③ ④
9	① ② ③ ④
10	① ② ③ ④
11	① ② ③ ④
12	① ② ③ ④

聴解・聴読解 Listening and Listening-Reading Comprehension

聴読解 Listening-Reading Comprehension

解答番号	解答欄 Answer 1 2 3 4
練習	正しい ① ② ③ ●
	正しくない ① ② ③ ④
13	正しい ① ② ③ ④
	正しくない ① ② ③ ④
14	正しい ① ② ③ ④
	正しくない ① ② ③ ④
15	正しい ① ② ③ ④
	正しくない ① ② ③ ④
16	正しい ① ② ③ ④
	正しくない ① ② ③ ④
17	正しい ① ② ③ ④
	正しくない ① ② ③ ④
18	正しい ① ② ③ ④
	正しくない ① ② ③ ④
19	正しい ① ② ③ ④
	正しくない ① ② ③ ④

聴解 Listening Comprehension

解答番号	解答欄 Answer 1 2 3 4
練習	正しい ① ② ③ ●
	正しくない ● ● ● ④
20	正しい ① ② ③ ④
	正しくない ① ② ③ ④
21	正しい ① ② ③ ④
	正しくない ① ② ③ ④
22	正しい ① ② ③ ④
	正しくない ① ② ③ ④
23	正しい ① ② ③ ④
	正しくない ① ② ③ ④
24	正しい ① ② ③ ④
	正しくない ① ② ③ ④
25	正しい ① ② ③ ④
	正しくない ① ② ③ ④
26	正しい ① ② ③ ④
	正しくない ① ② ③ ④
27	正しい ① ② ③ ④
	正しくない ① ② ③ ④

読解 Reading Comprehension

解答番号	解答欄 Answer 1 2 3 4
1	① ② ③ ④
2	① ② ③ ④
3	① ② ③ ④
4	① ② ● ④
5	① ② ③ ④
6	① ② ③ ④
7	① ② ③ ④
8	① ② ③ ④
9	① ② ③ ④
10	① ② ③ ④
11	① ② ③ ④
12	① ② ③ ④
13	① ② ③ ④
14	① ② ③ ④
15	① ② ③ ④
16	① ② ③ ④
17	① ② ③ ④
18	① ② ③ ④
19	① ② ③ ④
20	① ② ③ ④
21	① ② ③ ④
22	① ② ③ ④
23	① ② ③ ④
24	① ② ③ ④
25	① ② ③ ④

注意事項 Note

1. 必ず鉛筆 (HB) で記入してください。
   Use a medium soft (HB or No. 2) pencil.

2. この解答用紙を汚したり折ったりしてはいけません。
   Do not soil or bend this sheet.

3. マークは下のよい例のように、〇わく内を完全にぬりつぶしてください。
   Marking Examples.

よい例 Correct	悪い例 Incorrect
●	⊗ ◐ ◯

4. 訂正する場合はプラスチック消しゴムで完全に消し、消しくずを残してはいけません。
   Erase any unintended marks completely and leave no rubber marks.

5. 所定の欄以外には何も書いてはいけません。
   Do not write anything in the margins.

6. この解答用紙はすべて機械で処理しますので、以上の1から5までが守られていないと採点されません。
   The answer sheet will be processed mechanically. Failure to observe instructions above may result in rejection from evaluation.

2021年度日本留学試験

2021 Examination for Japanese University Admission for International Students (EJU)

日 本 語 「記 述」 解 答 用 紙

JAPANESE AS A FOREIGN LANGUAGE "WRITING" ANSWER SHEET

受 験 番 号
Examinee Registration Number

← あなたの受験票と同じかどうか確かめてください。
Check that these are the same on your Examination Voucher.

名 前
Name

テーマの番号
Theme No.　　1　　2

← 1または2のどちらかを選び、〇で囲んでください。
Circle the number of the theme you selected. (1 or 2)

横書きで書いてください。
Write horizontally. ➡

この用紙の裏（何も印刷されていない面）には、何も書かないでください。
Do not write anything on the back (unprinted side) of this sheet.

20
40
60
80
100
120
140
160
180
200
220
240
260
280
300
320
340
360
380
400
420
440
460
480
500

理 科 SCIENCE

2021年度日本留学試験

2021 Examination for Japanese University Admission for International Students (EJU)

理 科 解 答 用 紙

SCIENCE ANSWER SHEET

【表 FRONT SIDE】

受 験 番 号
Examinee Registration Number

名 前
Name

▲ あなたの受験票と同じかどうか確かめてください。Check that these are the same as your Examination Voucher. ◀

この解答用紙のこの面に解答する科目を、1つで囲み、その下のマーク欄をマークしてください。
Circle the name of the subject of the examination you are taking on this side of the sheet, and fill in the oval under it.

（裏面でもう1つの科目を解答してください。）
(Use the reverse side for other subject.)

解答科目 Subject		
物理 Physics	化学 Chemistry	生物 Biology
○	○	○

【悪い例 Incorrect Example】

Marking Examples.

よい例 Correct	悪い例 Incorrect
●	⊗ ⊙

注意事項 Note

1. 必ず鉛筆（HB）で記入してください。
   Use a medium soft (HB or No. 2) pencil.

2. この解答用紙を汚したり折ったりしてはいけません。
   Do not soil or bend this sheet.

3. マークは下のよい例のように、○わく内を完全にぬりつぶしてください。

4. 訂正する場合はプラスチック消しゴムで完全に消し、消しくずを残してはいけません。
   Erase any unintended marks completely and leave no rubber marks.

5. 解答番号は1から75まであありますが、問題のあるところまで答えて、あとはマークしないでください。
   Use only necessary rows and leave remaining rows blank.

6. 所定の欄以外には何も書いてはいけません。
   Do not write anything in the margins.

7. この解答用紙はすべて機械で処理しますので、以上の1から6までが守られていないと採点されません。
   The answer sheet will be processed mechanically. Failure to observe instructions above may result in rejection from evaluation.

解答番号	解答欄 Answer
1	① ② ③ ④ ⑤ ⑥ ⑦ ⑧ ⑨
2	① ② ③ ④ ⑤ ⑥ ⑦ ⑧ ⑨
3	① ② ③ ④ ⑤ ⑥ ⑦ ⑧ ⑨
4	① ② ③ ④ ⑤ ⑥ ⑦ ⑧ ⑨
5	① ② ③ ④ ⑤ ⑥ ⑦ ⑧ ⑨
6	① ② ③ ④ ⑤ ⑥ ⑦ ⑧ ⑨
7	① ② ③ ④ ⑤ ⑥ ⑦ ⑧ ⑨
8	① ② ③ ④ ⑤ ⑥ ⑦ ⑧ ⑨
9	① ② ③ ④ ⑤ ⑥ ⑦ ⑧ ⑨
10	① ② ③ ④ ⑤ ⑥ ⑦ ⑧ ⑨
11	① ② ③ ④ ⑤ ⑥ ⑦ ⑧ ⑨
12	① ② ③ ④ ⑤ ⑥ ⑦ ⑧ ⑨
13	① ② ③ ④ ⑤ ⑥ ⑦ ⑧ ⑨
14	① ② ③ ④ ⑤ ⑥ ⑦ ⑧ ⑨
15	① ② ③ ④ ⑤ ⑥ ⑦ ⑧ ⑨
16	① ② ③ ④ ⑤ ⑥ ⑦ ⑧ ⑨
17	① ② ③ ④ ⑤ ⑥ ⑦ ⑧ ⑨
18	① ② ③ ④ ⑤ ⑥ ⑦ ⑧ ⑨
19	① ② ③ ④ ⑤ ⑥ ⑦ ⑧ ⑨
20	① ② ③ ④ ⑤ ⑥ ⑦ ⑧ ⑨
21	① ② ③ ④ ⑤ ⑥ ⑦ ⑧ ⑨
22	① ② ③ ④ ⑤ ⑥ ⑦ ⑧ ⑨
23	① ② ③ ④ ⑤ ⑥ ⑦ ⑧ ⑨
24	① ② ③ ④ ⑤ ⑥ ⑦ ⑧ ⑨
25	① ② ③ ④ ⑤ ⑥ ⑦ ⑧ ⑨

解答番号	解答欄 Answer
26	① ② ③ ④ ⑤ ⑥ ⑦ ⑧ ⑨
27	① ② ③ ④ ⑤ ⑥ ⑦ ⑧ ⑨
28	① ② ③ ④ ⑤ ⑥ ⑦ ⑧ ⑨
29	① ② ③ ④ ⑤ ⑥ ⑦ ⑧ ⑨
30	① ② ③ ④ ⑤ ⑥ ⑦ ⑧ ⑨
31	① ② ③ ④ ⑤ ⑥ ⑦ ⑧ ⑨
32	① ② ③ ④ ⑤ ⑥ ⑦ ⑧ ⑨
33	① ② ③ ④ ⑤ ⑥ ⑦ ⑧ ⑨
34	① ② ③ ④ ⑤ ⑥ ⑦ ⑧ ⑨
35	① ② ③ ④ ⑤ ⑥ ⑦ ⑧ ⑨
36	① ② ③ ④ ⑤ ⑥ ⑦ ⑧ ⑨
37	① ② ③ ④ ⑤ ⑥ ⑦ ⑧ ⑨
38	① ② ③ ④ ⑤ ⑥ ⑦ ⑧ ⑨
39	① ② ③ ④ ⑤ ⑥ ⑦ ⑧ ⑨
40	① ② ③ ④ ⑤ ⑥ ⑦ ⑧ ⑨
41	① ② ③ ④ ⑤ ⑥ ⑦ ⑧ ⑨
42	① ② ③ ④ ⑤ ⑥ ⑦ ⑧ ⑨
43	① ② ③ ④ ⑤ ⑥ ⑦ ⑧ ⑨
44	① ② ③ ④ ⑤ ⑥ ⑦ ⑧ ⑨
45	① ② ③ ④ ⑤ ⑥ ⑦ ⑧ ⑨
46	① ② ③ ④ ⑤ ⑥ ⑦ ⑧ ⑨
47	① ② ③ ④ ⑤ ⑥ ⑦ ⑧ ⑨
48	① ② ③ ④ ⑤ ⑥ ⑦ ⑧ ⑨
49	① ② ③ ④ ⑤ ⑥ ⑦ ⑧ ⑨
50	① ② ③ ④ ⑤ ⑥ ⑦ ⑧ ⑨

解答番号	解答欄 Answer
51	① ② ③ ④ ⑤ ⑥ ⑦ ⑧ ⑨
52	① ② ③ ④ ⑤ ⑥ ⑦ ⑧ ⑨
53	① ② ③ ④ ⑤ ⑥ ⑦ ⑧ ⑨
54	① ② ③ ④ ⑤ ⑥ ⑦ ⑧ ⑨
55	① ② ③ ④ ⑤ ⑥ ⑦ ⑧ ⑨
56	① ② ③ ④ ⑤ ⑥ ⑦ ⑧ ⑨
57	① ② ③ ④ ⑤ ⑥ ⑦ ⑧ ⑨
58	① ② ③ ④ ⑤ ⑥ ⑦ ⑧ ⑨
59	① ② ③ ④ ⑤ ⑥ ⑦ ⑧ ⑨
60	① ② ③ ④ ⑤ ⑥ ⑦ ⑧ ⑨
61	① ② ③ ④ ⑤ ⑥ ⑦ ⑧ ⑨
62	① ② ③ ④ ⑤ ⑥ ⑦ ⑧ ⑨
63	① ② ③ ④ ⑤ ⑥ ⑦ ⑧ ⑨
64	① ② ③ ④ ⑤ ⑥ ⑦ ⑧ ⑨
65	① ② ③ ④ ⑤ ⑥ ⑦ ⑧ ⑨
66	① ② ③ ④ ⑤ ⑥ ⑦ ⑧ ⑨
67	① ② ③ ④ ⑤ ⑥ ⑦ ⑧ ⑨
68	① ② ③ ④ ⑤ ⑥ ⑦ ⑧ ⑨
69	① ② ③ ④ ⑤ ⑥ ⑦ ⑧ ⑨
70	① ② ③ ④ ⑤ ⑥ ⑦ ⑧ ⑨
71	① ② ③ ④ ⑤ ⑥ ⑦ ⑧ ⑨
72	① ② ③ ④ ⑤ ⑥ ⑦ ⑧ ⑨
73	① ② ③ ④ ⑤ ⑥ ⑦ ⑧ ⑨
74	① ② ③ ④ ⑤ ⑥ ⑦ ⑧ ⑨
75	① ② ③ ④ ⑤ ⑥ ⑦ ⑧ ⑨

理 科 SCIENCE

【裏 REVERSE SIDE】

2021年度日本留学試験

2021 Examination for Japanese University Admission for International Students (EJU)

理 科 解 答 用 紙

SCIENCE ANSWER SHEET

この解答用紙のこの面に解答する科目を、1つ○で囲み、
その下のマーク欄をマークしてください。
Circle the name of the subject of the examination you
are taking on this side of the sheet, and fill in the
oval under it.

【悪い例 Incorrect Example】

−295−

総合科目 JAPAN AND THE WORLD　2021年度日本留学試験

2021 Examination for Japanese University Admission for International Students (EJU)

総 合 科 目 解 答 用 紙　JAPAN AND THE WORLD ANSWER SHEET

受 験 番 号
Examinee Registration Number

名 前
Name

◀ あなたの受験票と同じかどうか確かめてください。Check that these are the same as your Examination Voucher. ◀

解答番号	解 答 欄 Answer			
	1	2	3	4
1	①	②	③	④
2	①	②	③	④
3	①	②	③	④
4	①	②	③	④
5	①	②	③	④
6	①	②	③	④
7	①	②	③	④
8	①	②	③	④
9	①	②	③	④
10	①	②	③	④
11	①	②	③	④
12	①	②	③	④
13	①	②	③	④
14	①	②	③	④
15	①	②	③	④
16	①	②	③	④
17	①	②	③	④
18	①	②	③	④
19	①	②	③	④
20	①	②	③	④

解答番号	解 答 欄 Answer			
	1	2	3	4
21	①	②	③	④
22	①	②	③	④
23	①	②	③	④
24	①	②	③	④
25	①	②	③	④
26	①	②	③	④
27	①	②	③	④
28	①	②	③	④
29	①	②	③	④
30	①	②	③	④
31	①	②	③	④
32	①	②	③	④
33	①	②	③	④
34	①	②	③	④
35	①	②	③	④
36	①	②	③	④
37	①	②	③	④
38	①	②	③	④
39	①	②	③	④
40	①	②	③	④

解答番号	解 答 欄 Answer			
	1	2	3	4
41	①	②	③	④
42	①	②	③	④
43	①	②	③	④
44	①	②	③	④
45	①	②	③	④
46	①	②	③	④
47	①	②	③	④
48	①	②	③	④
49	①	②	③	④
50	①	②	③	④
51	①	②	③	④
52	①	②	③	④
53	①	②	③	④
54	①	②	③	④
55	①	②	③	④
56	①	②	③	④
57	①	②	③	④
58	①	②	③	④
59	①	②	③	④
60	①	②	③	④

注意事項　Note

1. 必ず鉛筆（HB）で記入してください。
   Use a medium soft (HB or No.2) pencil.

2. この解答用紙を汚したり折ったりしてはいけません。
   Do not soil or bend this sheet.

3. マークは下のよい例のように、○わく内を完全にぬりつぶしてください。

Marking Examples.

よい例 Correct	悪い例 Incorrect				
●	⊗	◐	◑	◉	○

4. 訂正する場合はプラスチック消しゴムで完全に消し、消しくずを残してはいけません。
   Erase any unintended marks completely and leave no rubber marks.

5. 解答番号は1から60まであります が、問題のあるところまで答えて、あとはマークしないでください。
   Use only necessary rows and leave remaining rows blank.

6. 所定の欄以外には何も書いてはいけません。
   Do not write anything in the margins.

7. この解答用紙はすべて機械で処理しますので、以上の1から6までが守られていないと採点されません。
   The answer sheet will be processed mechanically. Failure to observe instructions above may result in rejection from evaluation.

数 学 MATHEMATICS

2021年度日本留学試験

2021 Examination for Japanese University Admission for International Students (EJU)

数 学 解 答 用 紙 MATHEMATICS ANSWER SHEET

【表 FRONT SIDE】

受 験 番 号
Examinee Registration Number

名 前
Name

◆ あなたの受験票と同じかどうか確かめてください。Check that these are the same as your Examination Voucher. ◆

この解答用紙に解答するコースを、1つ○で囲み、その下のマーク欄をマークしてください。
Circle the name of the course you are taking and fill in the oval under it.

解答コース Course
コース1 Course 1 ／ コース2 Course 2

（Ⅲ以降は裏面。(Use the reverse side for Ⅲ, Ⅳ and Ⅴ.)

Ⅰ 解 答 欄 Answer

（解答記号 A〜Z、マーク欄 −0123456789）

Ⅱ 解 答 欄 Answer

（解答記号 A〜Z、マーク欄 −0123456789）

注意事項 Note

悪い例 Incorrect

よい例 Correct ／ 悪い例 Incorrect

Marking Examples.

1. 必ず鉛筆 (HB) で記入してください。
   Use a medium soft (HB or No.2) pencil.

2. この解答用紙を汚したり折ったりしてはいけません。
   Do not soil or bend this sheet.

3. マークは下のよい例のように、○わく内を完全にぬりつぶしてください。

4. 訂正する場合はプラスチック消しゴムで完全に消し、消しくずを残してはいけません。
   Erase any unintended marks completely and leave no rubber marks.

5. 解答番号はAからZまでありますが、問題のあるところまで答えて、あとはマークしないでください。
   Use only necessary rows and leave remaining rows blank.

6. 所定の欄以外には何も書いてはいけません。
   Do not write anything in the margins.

7. Ⅲ, Ⅳ, Ⅴの解答欄は裏面にあります。
   The answers to parts Ⅲ, Ⅳ, and Ⅴ should be marked on the reverse side of this sheet.

8. この解答用紙はすべて機械で処理しますので、以上の1から7までが守られていないと採点されません。
   The answer sheet will be processed mechanically. Failure to observe the instructions above may result in rejection from evaluation.

2021年度日本留学試験

2021 Examination for Japanese University Admission for International Students (EJU)

数 学 解 答 用 紙

MATHEMATICS ANSWER SHEET

Ⅲ

解答記号	解 答 欄 Answer
A	-1 0 1 2 3 4 5 6 7 8 9
B	-1 0 1 2 3 4 5 6 7 8 9
C	-1 0 1 2 3 4 5 6 7 8 9
D	-1 0 1 2 3 4 5 6 7 8 9
E	-1 0 1 2 3 4 5 6 7 8 9
F	-1 0 1 2 3 4 5 6 7 8 9
G	-1 0 1 2 3 4 5 6 7 8 9
H	-1 0 1 2 3 4 5 6 7 8 9
I	-1 0 1 2 3 4 5 6 7 8 9
J	-1 0 1 2 3 4 5 6 7 8 9
K	-1 0 1 2 3 4 5 6 7 8 9
L	-1 0 1 2 3 4 5 6 7 8 9
M	-1 0 1 2 3 4 5 6 7 8 9
N	-1 0 1 2 3 4 5 6 7 8 9
O	-1 0 1 2 3 4 5 6 7 8 9
P	-1 0 1 2 3 4 5 6 7 8 9
Q	-1 0 1 2 3 4 5 6 7 8 9
R	-1 0 1 2 3 4 5 6 7 8 9
S	-1 0 1 2 3 4 5 6 7 8 9
T	-1 0 1 2 3 4 5 6 7 8 9
U	-1 0 1 2 3 4 5 6 7 8 9
V	-1 0 1 2 3 4 5 6 7 8 9
W	-1 0 1 2 3 4 5 6 7 8 9
X	-1 0 1 2 3 4 5 6 7 8 9
Y	-1 0 1 2 3 4 5 6 7 8 9
Z	-1 0 1 2 3 4 5 6 7 8 9

Ⅳ

解答記号	解 答 欄 Answer
A	-1 0 1 2 3 4 5 6 7 8 9
B	-1 0 1 2 3 4 5 6 7 8 9
C	-1 0 1 2 3 4 5 6 7 8 9
D	-1 0 1 2 3 4 5 6 7 8 9
E	-1 0 1 2 3 4 5 6 7 8 9
F	-1 0 1 2 3 4 5 6 7 8 9
G	-1 0 1 2 3 4 5 6 7 8 9
H	-1 0 1 2 3 4 5 6 7 8 9
I	-1 0 1 2 3 4 5 6 7 8 9
J	-1 0 1 2 3 4 5 6 7 8 9
K	-1 0 1 2 3 4 5 6 7 8 9
L	-1 0 1 2 3 4 5 6 7 8 9
M	-1 0 1 2 3 4 5 6 7 8 9
N	-1 0 1 2 3 4 5 6 7 8 9
O	-1 0 1 2 3 4 5 6 7 8 9
P	-1 0 1 2 3 4 5 6 7 8 9
Q	-1 0 1 2 3 4 5 6 7 8 9
R	-1 0 1 2 3 4 5 6 7 8 9
S	-1 0 1 2 3 4 5 6 7 8 9
T	-1 0 1 2 3 4 5 6 7 8 9
U	-1 0 1 2 3 4 5 6 7 8 9
V	-1 0 1 2 3 4 5 6 7 8 9
W	-1 0 1 2 3 4 5 6 7 8 9
X	-1 0 1 2 3 4 5 6 7 8 9
Y	-1 0 1 2 3 4 5 6 7 8 9
Z	-1 0 1 2 3 4 5 6 7 8 9

Ⅴ

解答記号	解 答 欄 Answer
A	-1 0 1 2 3 4 5 6 7 8 9
B	-1 0 1 2 3 4 5 6 7 8 9
C	-1 0 1 2 3 4 5 6 7 8 9
D	-1 0 1 2 3 4 5 6 7 8 9
E	-1 0 1 2 3 4 5 6 7 8 9
F	-1 0 1 2 3 4 5 6 7 8 9
G	-1 0 1 2 3 4 5 6 7 8 9
H	-1 0 1 2 3 4 5 6 7 8 9
I	-1 0 1 2 3 4 5 6 7 8 9
J	-1 0 1 2 3 4 5 6 7 8 9
K	-1 0 1 2 3 4 5 6 7 8 9
L	-1 0 1 2 3 4 5 6 7 8 9
M	-1 0 1 2 3 4 5 6 7 8 9
N	-1 0 1 2 3 4 5 6 7 8 9
O	-1 0 1 2 3 4 5 6 7 8 9
P	-1 0 1 2 3 4 5 6 7 8 9
Q	-1 0 1 2 3 4 5 6 7 8 9
R	-1 0 1 2 3 4 5 6 7 8 9
S	-1 0 1 2 3 4 5 6 7 8 9
T	-1 0 1 2 3 4 5 6 7 8 9
U	-1 0 1 2 3 4 5 6 7 8 9
V	-1 0 1 2 3 4 5 6 7 8 9
W	-1 0 1 2 3 4 5 6 7 8 9
X	-1 0 1 2 3 4 5 6 7 8 9
Y	-1 0 1 2 3 4 5 6 7 8 9
Z	-1 0 1 2 3 4 5 6 7 8 9

2021年度

日本留学試験（第1回）

参 考 資 料

The Reference Data

2021年度（令和3年度）日本留学試験実施要項

１．目　的

　外国人留学生として，我が国の大学（学部）等に入学を希望する者について，日本語力及び基礎学力の評価を行う。

２．実施者

　独立行政法人日本学生支援機構が，文部科学省，外務省，大学及び国内外の関係機関の協力を得て実施する。

３．試験の方法，内容等

（1）対　　象：外国人留学生として，我が国の大学等に入学を希望する者

（2）試 験 日：第１回　令和３年（2021年）６月20日（日）
　　　　　　　　第２回　令和３年（2021年）11月14日（日）

（3）実 施 地：国　内　北海道，宮城県，群馬県，埼玉県，千葉県，東京都，神奈川県，石川県又は富山県，静岡県，愛知県，京都府，大阪府，兵庫県，岡山県又は広島県，福岡県及び沖縄県

　　　　　　　　国　外　インド（ニューデリー）(注)，インドネシア（ジャカルタ及びスラバヤ），韓国（ソウル及びプサン），シンガポール(注)，スリランカ（コロンボ）(注)，タイ（バンコク(注)及びチェンマイ），台湾（台北）(注)，フィリピン（マニラ）(注)，ベトナム（ハノイ及びホーチミン）(注)，香港，マレーシア（クアラルンプール）(注)，ミャンマー（ヤンゴン），モンゴル（ウランバートル）及びロシア（ウラジオストク）

　　　　　　　　(注) 第１回の実施は，新型コロナウイルス感染拡大の影響により中止。

（4）出題科目等

　　受験者は，受験希望の大学等の指定に基づき，以下の科目の中から選択して受験する。

科　目	目　　　　的	時　間	得点範囲
日 本 語	日本の大学等での勉学に対応できる日本語力（アカデミック・ジャパニーズ）を測定する。	125分	読解 聴解・聴読解 ０～400点
			記述 ０～50点
理　科	日本の大学等の理系学部での勉学に必要な理科（物理・化学・生物）の基礎的な学力を測定する。	80分	０～200点
総合科目	日本の大学等での勉学に必要な文系の基礎的な学力，特に思考力，論理的能力を測定する。	80分	０～200点
数　学	日本の大学等での勉学に必要な数学の基礎的な学力を測定する。	80分	０～200点

［備考］

①日本語の科目は，記述，読解，聴解・聴読解の３領域から構成される。

② 理科について，受験者は，受験希望の大学等の指定に基づき，物理・化学・生物から2科目を選択する。

③ 数学について，受験者は，受験希望の大学等の指定に基づき，文系学部及び数学を必要とする程度が比較的少ない理系学部用のコース1，数学を高度に必要とする学部用のコース2のどちらかを選択する。

④ 理科と総合科目を同時に選択することはできない。

⑤ 上記の得点範囲は，日本語の科目の記述を除き，素点ではなく，共通の尺度上で表示する。また，記述については基準に基づき採点する。

⑥ 出題範囲は，各科目のシラバスを参照のこと。

(5) 出題言語：日本語及び英語により出題するので，受験者は，受験希望の大学等の指定を踏まえて，出願の際にどちらかを申告する（日本語の科目は日本語による出題のみ）。

(6) 解答方式：多肢選択方式（マークシート）（日本語の科目は記述式を含む。）

4．出願の手続き等

(1) 出願手続き

① 願　　書：所定のもの

② 受 験 料：国　内　（1科目のみの受験者）　　　10,000 円（税込み）
　　　　　　　　　　　（2科目以上の受験者）　　　18,000 円（税込み）

　　　　　　　国　外　インド　　　　　　　　　　　　800 ルピー
　　　　　　　　　　　インドネシア　　　　　　　75,000 ルピア
　　　　　　　　　　　韓国（1科目のみの受験者）　50,000 ウォン
　　　　　　　　　　　　　（2科目以上の受験者）　80,000 ウォン
　　　　　　　　　　　シンガポール　　　　　　　　　36 シンガポールドル
　　　　　　　　　　　スリランカ　　　　　　　　1,000 スリランカルピー
　　　　　　　　　　　タイ　　　　　　　　　　　　350 バーツ
　　　　　　　　　　　台湾（1科目のみの受験者）　1,200 台湾ドル
　　　　　　　　　　　　　（2科目以上の受験者）　1,600 台湾ドル
　　　　　　　　　　　フィリピン　　　　　　　　　250 ペソ
　　　　　　　　　　　ベトナム　　　　　　　　185,000 ドン
　　　　　　　　　　　香港（1科目のみの受験者）　450 香港ドル
　　　　　　　　　　　　　（2科目以上の受験者）　850 香港ドル
　　　　　　　　　　　マレーシア　　　　　　　　　60 リンギット
　　　　　　　　　　　ミャンマー　　　　　　　　　15 米ドル
　　　　　　　　　　　モンゴル　　　　　　　　14,000 トゥグルグ
　　　　　　　　　　　ロシア　　　　　　　　　　　300 ルーブル

③ 受付期間：国　内　（第1回）　令和3年（2021年）2月16日（火）から3月12日（金）17時まで
　　　　　　　　　　　（第2回）　令和3年（2021年）7月5日（月）から7月30日（金）17時まで

　　　　　　　国　外　（第1回）　令和3年(2021年)2月16日(火)から3月12日(金)
　　　　　　　　　　　　　　　　まで
　　　　　　　　　　　（第2回）　令和3年(2021年)7月5日(月)から7月30日(金)
　　　　　　　　　　　　　　　　まで
　　④　出　　　願：国　内　独立行政法人日本学生支援機構留学生事業部留学試験課に提
　　　　　　　　　　　　　出する。
　　　　　　　　　国　外　各国・地域の現地機関に提出する。
　(2)　出願方法
　　　国　内：オンラインにより出願を受け付ける。手続き等の細目については，独立行政
　　　　　　　法人日本学生支援機構のウェブサイトで公表する。
　　　国　外：各国・地域の現地機関と調整のうえ，決定する。
　(3)　受験票の送付
　　　国　内：願書を受理したものについて，次に掲げる期日（予定）に発送する。
　　　　　　　第1回　令和3年(2021年)5月21日(金)
　　　　　　　第2回　令和3年(2021年)10月22日(金)
　　　国　外：各国・地域の現地機関と調整のうえ，決定する。
　　　　　　　［備考］国外の受験票，結果の通知の発送料については，受験案内等で公表
　　　　　　　する。

5．結果の発表等

　(1)　受験者への発表
　　　次に掲げる期日（予定）に，試験の成績を発表する。
　　　　　第1回　令和3年(2021年)7月28日(水)
　　　　　第2回　令和3年(2021年)12月24日(金)
　　　　［備考］国外においては，各国・地域の現地機関を通じて結果の通知も行う。
　(2)　大学等からの成績照会
　　　別途定める所定の登録手続きを行った大学等に対しては，(1)に掲げる期日より，オ
　　　ンライン上での成績照会を開始する。

　　　　　　　　照会先：独立行政法人日本学生支援機構　留学生事業部留学試験課
　　　　　　　　　　　　〒153-8503　東京都目黒区駒場4-5-29
　　　　　　　　　　　　電話：03-6407-7457　　FAX：03-6407-7462
　　　　　　　　　　　　E-Mail：jasso_eju@jasso.go.jp

2021年度日本留学試験(第1回)実施地別応募者数・受験者数一覧(国内・国外)

実施国・地域	都道府県・都市	応募者数	受験者数
日　本	北海道	36	27
	宮　城	158	135
	群　馬	40	35
	埼　玉	394	330
	千　葉	297	249
	東　京	10,915	7,891
	神奈川	339	278
	石　川	10	7
	静　岡	225	194
	愛　知	294	268
	京　都	985	623
	大　阪	1,651	1,361
	兵　庫	275	250
	岡　山	320	280
	福　岡	794	630
	沖　縄	21	18
国 内 小 計		16,754	12,576
インド	ニューデリー（※）	102	－
インドネシア	ジャカルタ	175	109
	スラバヤ	54	40
韓　国	ソウル	2,587	2,225
	プサン	591	517
シンガポール（※）		13	－
スリランカ	コロンボ（※）	41	－
タ　イ	バンコク（※）	82	－
	チェンマイ	4	4
台　湾	台北（※）	351	－
フィリピン	マニラ（※）	－	－
ベトナム	ハノイ（※）	88	－
	ホーチミン（※）	100	－
香　港		863	451
マレーシア	クアラルンプール（※）	193	－
ミャンマー	ヤンゴン	20	9
モンゴル	ウランバートル	313	235
ロシア	ウラジオストク	1	1
国 外 小 計		5,578	3,591
総 合 計		22,332	16,167

※ニューデリー、シンガポール、コロンボ、バンコク、台北、マニラ、ハノイ、ホーチミン、クアラルンプールについては、新型コロナウイルス感染拡大の影響により中止。

2021年度日本留学試験（第1回）試験会場一覧

国・地域	都道府県又は都市	試　験　会　場	
日　本	北海道	北海道大学　札幌キャンパス	
	宮　城	宮城大学　大和キャンパス	
	群　馬	高崎白銀ビル	
	埼　玉	TKP 大宮ビジネスセンター	TKP 大宮駅西口カンファレンスセンター
	千　葉	千葉大学　西千葉キャンパス	
	東　京	学習院大学　目白キャンパス	慶応義塾大学　三田キャンパス
		日本大学文理学部	法政大学　市ヶ谷キャンパス
		早稲田大学　早稲田キャンパス	一橋大学　国立キャンパス
		ベルサール御成門タワー	ベルサール新宿セントラルパーク
		ベルサール神田	ベルサール東京日本橋
		ベルサール六本木	
	神奈川	慶応義塾大学　日吉キャンパス	
	石　川	金沢星稜大学　グローバルコモンズ	
	静　岡	サーラシティ浜松	ホテル・エルムリージェンシー
	愛　知	名古屋大学　東山キャンパス	
	京　都	京都工芸繊維大学　松ヶ崎キャンパス	立命館大学　衣笠キャンパス
	大　阪	大阪教育大学　柏原キャンパス	大阪電気通信大学　駅前キャンパス
		大阪 OMM ビル展示ホール	
	兵　庫	神戸国際展示場	
	岡　山	ホテルグランヴィア岡山	
	福　岡	九州大学　伊都キャンパス	福岡女学院中学校・高等学校
	沖　縄	沖縄大学　本キャンパス	
インド	ニューデリー	中止	
インドネシア	ジャカルタ	インドネシア大学 DEPOK キャンパス	
	スラバヤ	17 Agustus 1945 University of Surabaya	
韓　国	ソウル	ヨンサン高等学校	ザムシル高等学校
		ソクチョン中学校	カラク中学校
		グロ高等学校	
	プサン	有樂女子中学校	慶南工業高等学校
シンガポール		中止	
スリランカ	コロンボ	中止	
タ　イ	バンコク	中止	
	チェンマイ	チェンマイ大学	
台　湾	台　北	中止	
フィリピン	マニラ	中止	
ベトナム	ハノイ	中止	
	ホーチミン	中止	
香　港		九龍灣國際展貿中心（KITEC）	
マレーシア	クアラルンプール	中止	
ミャンマー	ヤンゴン	MAJA	
モンゴル	ウランバートル	モンゴル・日本センター	モンゴル国立大学　図書館
		モンゴル国立大学 2 号館	
ロ シ ア	ウラジオストク	極東連邦総合大学	

日本語シラバス

＜試験の目的＞

　この試験は，日本の高等教育機関（特に大学学部）に，外国人留学生として入学を希望する者が，大学等での勉学・生活において必要となる言語活動に，日本語を用いて参加していくための能力をどの程度身につけているか，測定することを目的とする。

日本語シラバス

I　試験の構成

　この試験は，理解に関わる能力を問う領域（読解，聴解，聴読解）と，産出に関わる能力を問う領域（記述）からなる。

II　各領域の概要

1．読解，聴解，聴読解領域

　読解は，主として文章によって出題されるが，文章以外の視覚情報（図表や箇条書きなど）が提示されることもある。聴解は，すべて音声によって出題され，聴読解は，音声と視覚情報（図表や文字情報）によって出題される。

(1)　問われる能力
　読解，聴解，聴読解領域では，文章や談話音声などによる情報を理解し，それらの情報の関係を把握し，また理解した情報を活用して論理的に妥当な解釈を導く能力が問われる。具体的には以下のような能力が問われる。

① 　直接的理解能力：
　言語として明確に表現されていることを，そのまま理解することができるかを問う。たとえば，次のようなことが問われる。
- 個々の文・発話内で表現されている内容を，正確に理解することができるか
- 文章・談話全体の主題・主旨を，的確にとらえることができるか

② 　関係理解能力：
　文章や談話で表現されている情報の関係を理解することができるかを問う。たとえば，次のようなことが問われる。
- 文章・談話に含まれる情報のなかで，重要な部分，そうでない部分を見分けることができるか
- 文章・談話に含まれる情報がどういう関係にあるかを理解することができるか
- 異なる形式・媒体（音声，文字，図表など）で表現されている情報を比較・対照することができるか

③ 　情報活用能力：
　理解した情報を活用して論理的に妥当な解釈が導けるかを問う。たとえば，次のようなことが問われる。
- 文章・談話の内容を踏まえ，その結果や帰結などを導き出すことができるか

- 文章・談話で提示された具体的事例を一般化することができるか
- 文章・談話で提示された一般論を具体的事例に当てはめることができるか
- 異なる形式・媒体（音声，文字，図表など）で表現された情報同士を相補的に組み合わせて妥当な解釈が導けるか

(2) 出題される文章や談話の種類

(1)で挙げられた能力は，大学等での勉学・生活の場において理解が必要となる文章や談話を題材として問われる。具体的には以下のような文章・談話である。

読解
- 説明文
- 論説文
- （大学等での勉学・生活にかかわる）実務的・実用的な文書／文章　など

聴解，聴読解
- 講義，講演
- 演習や調査活動に関わる発表，質疑応答および意見交換
- 学習上または生活上の相談ならびに指導，助言
- 実務的・実用的な談話 など

2．記述領域

(1) 問われる能力

記述領域では，「与えられた課題の指示に従い，自分自身の考えを，根拠を挙げて筋道立てて書く」ための能力が問われる。具体的には以下のようなことが問われる。

- 与えられた課題の内容を正確に理解し，その内容にのっとった主張・結論を提示することができるか
- 主張・結論を支えるための，適切かつ効果的な根拠や実例等を提示することができるか
- 主張・結論を導き出すに当たって，一つの視点からだけでなく，多角的な視点から考察をおこなうことができるか
- 主張・結論とそれを支える根拠や実例等を，適切かつ効果的に，また全体としてバランスのとれた構成をなすように配列することができるか
- 高等教育の場において，文章として論述をおこなう際にふさわしい構文・語彙・表現等を，適切かつ効果的に使用できるか

(2) 出題される課題
- 提示された一つまたは複数の考え方について，自分の意見を論じる
- ある問題について現状を説明し，将来の予想や解決方法について論じる　等

基礎学力（理科）シラバス

＜試験の目的＞

　この試験は，外国人留学生として，日本の大学（学部）等に入学を希望する者が，大学等において勉学するに当たり必要とされる理科科目の基礎的な学力を測定することを目的とする。

＜試験の種類＞

　試験は，物理・化学・生物で構成され，そのうちから2科目を選択するものとする。

＜出題の範囲＞

　出題の範囲は，以下のとおりである。なお，小学校・中学校で学ぶ範囲については既習とし，出題範囲に含まれているものとする。出題の内容は，それぞれの科目において，項目ごとに分類され，それぞれの項目は，当該項目の主題又は主要な術語によって提示されている。

物理シラバス

出題範囲は，日本の高等学校学習指導要領の「物理基礎」及び「物理」の範囲とする。

I 力学

1．運動と力

(1) 運動の表し方
位置，変位，速度，加速度，相対運動，落体の運動，水平投射，斜方投射

(2) さまざまな力
力，重力，摩擦力，抗力，張力，弾性力，液体や気体から受ける力

(3) 力のつり合い
力の合成・分解，力のつり合い

(4) 剛体にはたらく力のつり合い
力のモーメント，合力，偶力，剛体のつり合い，重心

(5) 運動の法則
ニュートンの運動の3法則，力の単位と運動方程式，単位系と次元

(6) 摩擦や空気の抵抗を受ける運動
静止摩擦力，動摩擦力，空気の抵抗と終端速度

2．エネルギーと運動量

(1) 仕事と運動エネルギー
仕事の原理，仕事率，運動エネルギー

(2) 位置エネルギー
重力による位置エネルギー，弾性力による位置エネルギー

(3) 力学的エネルギーの保存

(4) 運動量と力積
運動量と力積，運動量保存則，分裂と合体

(5) 衝突
反発係数（はねかえり係数），弾性衝突，非弾性衝突

3．さまざまな力と運動

(1) 等速円運動
速度と角速度，周期と回転数，加速度と向心力，等速でない円運動の向心力

(2) 慣性力
慣性力，遠心力

(3) 単振動
変位，速度，加速度，復元力，振幅，周期，振動数，位相，角振動数，ばね振り子，単振り子，単振動のエネルギー

(4) 万有引力
惑星の運動（ケプラーの法則），万有引力，重力，万有引力の位置エネルギー，力学的エネルギーの保存

II　熱

1．熱と温度

(1)　熱と温度

熱運動，熱平衡，温度，絶対温度，熱量，熱容量，比熱，熱量の保存

(2)　物質の状態

物質の三態，融点，沸点，融解熱，蒸発熱，潜熱，熱膨張

(3)　熱と仕事

熱と仕事，内部エネルギー，熱力学第1法則，不可逆変化，熱機関，熱効率，熱力学第2法則

2．気体の性質

(1)　理想気体の状態方程式

ボイルの法則，シャルルの法則，ボイル・シャルルの法則，理想気体の状態方程式

(2)　気体分子の運動

気体分子の運動と圧力・絶対温度，気体の内部エネルギー，単原子分子，二原子分子

(3)　気体の状態変化

定積変化，定圧変化，等温変化，断熱変化，モル比熱

III　波

1．波

(1)　波の性質

波動，媒質，波源，横波と縦波

(2)　波の伝わり方とその表し方

波形，振幅，周期，振動数，波長，波の速さ，正弦波，位相，波のエネルギー

(3)　重ね合わせの原理とホイヘンスの原理

重ね合わせの原理，干渉，定常波（定在波），ホイヘンスの原理，反射の法則，屈折の法則，回折

2．音

(1)　音の性質と伝わり方

音の速さ，音の反射・屈折・回折・干渉，うなり

(2)　発音体の振動と共振・共鳴

弦の振動，気柱の振動，共振・共鳴

(3)　ドップラー効果

ドップラー効果，音源が動く場合，観測者が動く場合，音源と観測者が動く場合

3．光

(1)　光の性質

可視光，白色光，単色光，光と色，スペクトル，分散，偏光

(2)　光の伝わり方

光の速さ，光の反射・屈折，全反射，光の散乱，レンズ，球面鏡

(3)　光の回折と干渉

回折，干渉，ヤングの実験，回折格子，薄膜による干渉，空気層による干渉

Ⅳ　電気と磁気

1．電場
⑴　静電気力
物体の帯電，電荷，電気量，電気量保存の法則，クーロンの法則
⑵　電場
電場，点電荷のまわりの電場，電場の重ね合わせ，電気力線
⑶　電位
静電気力による位置エネルギー，電位と電位差，点電荷のまわりの電位，等電位面
⑷　電場の中の物体
電場中の導体，静電誘導，静電遮蔽，接地，電場中の不導体，誘電分極
⑸　コンデンサー
コンデンサー，電気容量，誘電体，コンデンサーに蓄えられる静電エネルギー，コンデンサーの接続

2．電流
⑴　電流
電流，電圧，オームの法則，抵抗と抵抗率，ジュール熱，電力，電力量
⑵　直流回路
抵抗の直列接続と並列接続，電流計，電圧計，キルヒホッフの法則，抵抗率の温度変化，抵抗の測定，電池の起電力と内部抵抗，コンデンサーを含む回路
⑶　半導体
n 型半導体，p 型半導体，pn 接合，ダイオード

3．電流と磁場
⑴　磁場
磁石，磁極，磁気力，磁気量，磁場，磁力線，磁化，磁性体，磁束密度，透磁率，磁束
⑵　電流がつくる磁場
直線電流がつくる磁場，円形電流がつくる磁場，ソレノイドの電流がつくる磁場
⑶　電流が磁場から受ける力
直線電流が磁場から受ける力，平行電流が及ぼし合う力
⑷　ローレンツ力
ローレンツ力，磁場中の荷電粒子の運動，ホール効果

4．電磁誘導と電磁波
⑴　電磁誘導の法則
電磁誘導，レンツの法則，ファラデーの電磁誘導の法則，
導体が磁場を横切るときの誘導起電力，ローレンツ力と誘導起電力，渦電流
⑵　自己誘導，相互誘導
自己誘導，自己インダクタンス，コイルに蓄えられるエネルギー，相互誘導，
相互インダクタンス，変圧器
⑶　交流
交流の発生（交流電圧，交流電流，周波数，位相，角周波数），抵抗を流れる交流，実効値

(4) 交流回路

コイルのリアクタンスと位相差，コンデンサーのリアクタンスと位相差，消費電力，

交流回路のインピーダンス，共振回路，振動回路

(5) 電磁波

電磁波，電磁波の発生，電磁波の性質，電磁波の種類

V 原子

1．電子と光

(1) 電子

放電，陰極線，電子，比電荷，電気素量

(2) 粒子性と波動性

光電効果，光子，X線，コンプトン効果，ブラッグ反射，物質波，電子線の干渉と回折

2．原子と原子核

(1) 原子の構造

原子核，水素原子のスペクトル，ボーアの原子模型，エネルギー準位

(2) 原子核

原子核の構成，同位体，原子質量単位，原子量，原子核の崩壊，放射線，放射能，半減期，

核反応，核エネルギー

(3) 素粒子

素粒子，4つの基本的力

化学シラバス

出題範囲は，日本の高等学校学習指導要領の「化学基礎」及び「化学」の範囲とする。

I　物質の構成

1．物質の探究
(1)　純物質と混合物
元素，同素体，化合物，混合物，混合物の分離，精製
(2)　物質の状態
物質の三態（気体，液体，固体），状態変化

2．物質の構成粒子
(1)　原子構造
電子，陽子，中性子，質量数，同位体
(2)　電子配置
電子殻，原子の性質，周期律・周期表，価電子

3．物質と化学結合
(1)　イオン結合
イオン結合，イオン結晶，イオン化エネルギー，電子親和力
(2)　金属結合
金属結合，自由電子，金属結晶，展性・延性
(3)　共有結合
共有結合，配位結合，共有結合の結晶，分子結晶，結合の極性，電気陰性度
(4)　分子間力
ファンデルワールス力，水素結合
(5)　化学結合と物質の性質
融点・沸点，電気伝導性・熱伝導性，溶解度

4．物質の量的取扱いと化学式
(1)　物質量など
原子量，分子量，式量，物質量，モル濃度，質量％濃度，質量モル濃度
(2)　化学式
分子式，イオン式，電子式，構造式，組成式（実験式）

II　物質の状態と変化

1．物質の変化
(1)　化学反応式
化学反応式の表し方，化学反応の量的関係
(2)　酸・塩基
酸・塩基の定義と強弱，水素イオン濃度，pH，中和反応，中和滴定，塩

(3)　酸化・還元
　　　　酸化・還元の定義，酸化数，金属のイオン化傾向，酸化剤・還元剤

　2．物質の状態と平衡
　　(1)　状態の変化
　　　　分子の熱運動と物質の三態，気体分子のエネルギー分布，絶対温度，沸点，融点，融解熱，蒸発熱
　　(2)　気体の性質
　　　　理想気体の状態方程式，混合気体，分圧の法則，実在気体と理想気体
　　(3)　溶液の平衡
　　　　希薄溶液，飽和溶液と溶解平衡，過飽和，固体の溶解度，気体の溶解度，ヘンリーの法則
　　(4)　溶液の性質
　　　　蒸気圧降下，沸点上昇，凝固点降下，浸透圧，コロイド溶液，チンダル現象，ブラウン運動，透析，電気泳動

　3．物質の変化と平衡
　　(1)　化学反応とエネルギー
　　　　化学反応と熱・光，熱化学方程式，反応熱と結合エネルギー，ヘスの法則
　　(2)　電気化学
　　　　電気分解，電極反応，電気エネルギーと化学エネルギー，電気量と物質の変化量，ファラデーの法則
　　(3)　電池
　　　　ダニエル電池や代表的な実用電池（乾電池，鉛蓄電池，燃料電池など）
　　(4)　反応速度と化学平衡
　　　　反応速度と速度定数，反応速度と濃度・温度・触媒，活性化エネルギー，可逆反応，化学平衡及び化学平衡の移動，平衡定数，ルシャトリエの原理
　　(5)　電離平衡
　　　　酸・塩基の強弱と電離度，水のイオン積，弱酸・弱塩基の電離平衡，塩の加水分解，緩衝液

Ⅲ　無機化学
　1．無機物質
　　(1)　典型元素（主要族元素）
　　　　各族の代表的な元素の単体と化合物の性質や反応，及び用途
　　　　 1 族：水素，リチウム，ナトリウム，カリウム
　　　　 2 族：マグネシウム，カルシウム，バリウム
　　　　12 族：亜鉛，水銀
　　　　13 族：アルミニウム
　　　　14 族：炭素，ケイ素，スズ，鉛
　　　　15 族：窒素，リン
　　　　16 族：酸素，硫黄
　　　　17 族：フッ素，塩素，臭素，ヨウ素
　　　　18 族：ヘリウム，ネオン，アルゴン

(2) 遷移元素

クロム，マンガン，鉄，銅，銀，及びそれらの化合物の性質や反応，及び用途

(3) 無機物質の工業的製法

アルミニウム，ケイ素，鉄，銅，水酸化ナトリウム，アンモニア，硫酸など

(4) 金属イオンの分離・分析

2．無機物質と人間生活

上記の物質のほか，人間生活に広く利用されている金属やセラミックス

- 代表的な金属の例：チタン，タングステン，白金，ステンレス鋼，ニクロム
- 代表的なセラミックスの例：ガラス，ファインセラミックス，酸化チタン（Ⅳ）

Ⅳ 有機化学

1．有機化合物の性質と反応

(1) 炭化水素

アルカン，アルケン，アルキンの代表的な化合物の構造，性質及び反応，石油の成分と利用など

構造異性体・立体異性体（シス-トランス異性体，光学異性体（鏡像異性体））

(2) 官能基をもつ化合物

アルコール，エーテル，カルボニル化合物，カルボン酸，エステルなど代表的化合物の構造，性質及び反応

油脂・セッケンなど

(3) 芳香族化合物

芳香族炭化水素，フェノール類，芳香族カルボン酸，芳香族アミンなど代表的な化合物の構造，性質及び反応

2．有機化合物と人間生活

(1) 上記の物質のほか，単糖類，二糖類，アミノ酸など人間生活に広く利用されている有機化合物

［例］グルコース，フルクトース，マルトース，スクロース，グリシン，アラニン

(2) 代表的な医薬品，染料，洗剤などの主な成分

［例］サリチル酸の誘導体，アゾ化合物，アルキル硫酸エステルナトリウム

(3) 高分子化合物

i 合成高分子化合物：代表的な合成繊維やプラスチックの構造，性質及び合成

［例］ナイロン，ポリエチレン，ポリプロピレン，ポリ塩化ビニル，ポリスチレン，ポリエチレンテレフタラート，フェノール樹脂，尿素樹脂

ii 天然高分子化合物：タンパク質，デンプン，セルロース，天然ゴムなどの構造や性質，DNA などの核酸の構造

iii 人間生活に広く利用されている高分子化合物

（例えば，吸水性高分子，導電性高分子，合成ゴムなど）の用途，資源の再利用など

生物シラバス

出題範囲は，日本の高等学校学習指導要領の「生物基礎」及び「生物」の範囲とする。

I　生命現象と物質

1．細胞と分子
- (1)　生体物質と細胞
    - 細胞小器官
    - 原核細胞と真核細胞
    - 細胞骨格
- (2)　生命現象とタンパク質
    - タンパク質の構造
    - タンパク質の働き　　［例］酵素

2．代謝
- (1)　生命活動とエネルギー
    - ATP とその役割
- (2)　呼吸　　　［例］解糖系，クエン酸回路，電子伝達系，発酵と解糖
- (3)　光合成　　［例］光化学系 I，光化学系 II，カルビン・ベンソン回路，電子伝達系
- (4)　細菌の光合成と化学合成
- (5)　窒素同化

3．遺伝情報とその発現
- (1)　遺伝情報と DNA
    - DNA の二重らせん構造
    - 遺伝子と染色体とゲノム
- (2)　遺伝情報の分配
    - 体細胞分裂による遺伝情報の分配
    - 細胞周期と DNA の複製
    - DNA の複製のしくみ
- (3)　遺伝情報の発現
    - 遺伝子の発現のしくみ　　［例］転写，翻訳，スプライシング
    - 遺伝情報の変化　　　　　　［例］遺伝子突然変異
- (4)　遺伝子の発現調節
    - 転写レベルの調節
    - 選択的遺伝子発現
    - 発現調節による細胞分化
- (5)　バイオテクノロジー　　　［例］遺伝子組換え，遺伝子導入

Ⅱ　生殖と発生
1．有性生殖
(1)　減数分裂と受精
　　　減数分裂による遺伝子の分配
　　　受精による多様な遺伝的組み合わせ
　　　性染色体
(2)　遺伝子と染色体
　　　遺伝子の連鎖と組換え
　　　染色体の乗換えと遺伝子の組換え

2．動物の発生
(1)　配偶子形成と受精
(2)　初期発生の過程
(3)　細胞の分化と形態形成

3．植物の発生
(1)　配偶子形成と受精，胚発生
(2)　植物の器官の分化　　[例] 花の形態形成

Ⅲ　生物の体内環境の維持
1．体内環境
(1)　体液の循環系
(2)　体液の成分とその濃度調節
(3)　血液凝固のしくみ

2．体内環境の維持のしくみ
(1)　自律神経やホルモンによる調節　　[例]血糖濃度の調節

3．免疫
(1)　免疫で働く細胞
(2)　免疫のしくみ

Ⅳ　生物の環境応答
1．動物の反応と行動
(1)　刺激の受容と反応
　　　受容器とその働き
　　　効果器とその働き
　　　神経系とその働き
(2)　動物の行動

2．植物の環境応答
(1)　植物ホルモンの働き　　[例] オーキシンの働き，ジベレリンの働き
(2)　植物の光受容体の働き　　[例] フィトクロムの働き

V　生態と環境
1．個体群と生物群集
- (1)　個体群
    - 個体群とその構造
    - 個体群内の相互作用
    - 個体群間の相互作用
- (2)　生物群集
    - 生物群集とその構造

2．生態系
- (1)　生態系の物質生産と物質循環
    - ［例］食物網と栄養段階，炭素循環とエネルギーの流れ，窒素循環
- (2)　生態系と生物多様性
    - 遺伝的多様性
    - 種多様性
    - 生態系の多様性
    - 生態系のバランスと保全
- (3)　植生の多様性と分布　　［例］植生の遷移
- (4)　気候とバイオーム

VI　生物の進化と系統
1．生物進化のしくみ
- (1)　生命の起源と生物の変遷
    - 生命の誕生
    - 生物の進化
    - ヒトの進化
- (2)　進化のしくみ
    - 個体間の変異（突然変異）
    - 遺伝子頻度の変化とそのしくみ
    - 分子進化と中立進化
    - 種分化
    - 共進化

2．生物の系統
- (1)　生物の系統による分類　　［例］DNA 塩基配列の比較
- (2)　高次の分類群と系統

基礎学力（総合科目）シラバス

＜試験の目的＞

　試験科目「総合科目」は，多文化理解の視野からみた現代の世界と日本についてのテーマが中心となる。その目的は，留学生が日本の大学での勉学に必要と考えられる現代日本についての基本的知識をもち，あわせて，近現代の国際社会の基本的問題について論理的に考え，判断する能力があるかを判定することにある。

　具体的には，政治・経済・社会を中心として地理，歴史の各分野から総合的に出題される。出題の範囲は，以下の各分野における項目からなり，それぞれの項目は関連する主要な用語で示されている。

総合科目シラバス

I　政治・経済・社会

1．現代の社会
情報社会，少子高齢社会，多文化理解，生命倫理，社会保障と社会福祉，地域社会の変貌，不平等の是正，食料問題，エネルギー問題，環境問題，持続可能な社会

2．現代の経済
経済体制，市場経済，価格メカニズム，消費者，景気変動，政府の役割と経済政策，労働問題，経済成長，国民経済，貿易，為替相場，国際収支

3．現代の政治
民主主義の原理，日本国憲法，基本的人権と法の支配，国会，内閣，裁判所，議会制民主主義，地方自治，選挙と政治参加，新しい人権

4．現代の国際社会
国際関係と国際法，グローバリゼーション，地域統合，国連と国際機構，南北問題，人種・エスニシティ・民族問題，地球環境問題，国際平和と国際協力，日本の国際貢献

II　地理

現代世界の特色と諸課題の地理的考察
地球儀と地図，距離と方位，空中写真と衛星画像，標準時と時差，地理情報，気候，地形，植生，世界の生活・文化・宗教，資源と産業，人口，都市・村落，交通と通信，自然環境と災害・防災，日本の国土と環境

III　歴史

1．近代の成立と世界の一体化
産業革命，アメリカ独立革命，フランス革命，国民国家の形成，帝国主義と植民地化，日本の近代化とアジア

2．20世紀の世界と日本
第一次世界大戦とロシア革命，世界恐慌，第二次世界大戦と冷戦，アジア・アフリカ諸国の独立，日本の戦後史，石油危機，冷戦体制の崩壊

基礎学力（数学）シラバス

＜試験の目的＞

　この試験は，外国人留学生として，日本の大学（学部）等に入学を希望する者が，大学等において勉学するに当たり必要とされる数学の基礎的な学力を測定することを目的とする。

＜試験の種類＞

　数学の試験には，コース 1 とコース 2 がある。コース 1 は，数学をそれほど必要としない学部・学科のための試験であり，コース 2 は，数学を高度に必要とする学部・学科のための試験である。受験者は，各自の志望する大学の学部・学科の指定に従い，コース 1 かコース 2 のどちらか一方を選択する。

＜記号・用語＞

　記号は日本の高等学校の標準的な教科書に準拠する。

　日本語で出題される試験問題では，日本の高等学校の教科書で通常用いられている用語を使用し，英語で出題される試験問題では，英語の標準的な用語を使用する。

＜出題範囲＞

　出題範囲は以下のとおりである。なお，小学校・中学校で学ぶ範囲については既習とし，出題範囲に含まれているものとする。

- コース 1 の出題範囲は，以下の出題項目のうち 1，2，3，4，5，6 を範囲とする。
- コース 2 の出題範囲は，以下の出題項目の 1 から18までのすべてを範囲とする。

数学シラバス （高等学校学習指導要領との対照つき）

＜出題項目＞

1．数と式…数学Ⅰ
(1) 数と集合
　① 実数
　② 集合と命題
(2) 式の計算
　① 式の展開と因数分解
　② 1次不等式
　③ 絶対値と方程式・不等式

2．2次関数…数学Ⅰ
(1) 2次関数とそのグラフ
　① 2次関数の値の変化
　② 2次関数の最大・最小
　③ 2次関数の決定
(2) 2次方程式・2次不等式
　① 2次方程式の解
　② 2次関数のグラフと2次方程式
　③ 2次関数のグラフと2次不等式

3．図形と計量…数学Ⅰ
(1) 三角比
　① 正弦，余弦，正接
　② 三角比の相互関係
(2) 三角比と図形
　① 正弦定理，余弦定理
　② 図形の計量（空間図形への応用を含む）

4．場合の数と確率…数学A
(1) 場合の数
　① 数え上げの原則（集合の要素の個数，和の法則，積の法則を含む）
　② 順列・組合せ
(2) 確率とその基本的な性質
(3) 独立な試行と確率
(4) 条件付き確率

5．整数の性質…数学A
(1) 約数と倍数
(2) ユークリッドの互除法
(3) 整数の性質の応用

6．図形の性質… 数学A
 (1) 平面図形
　　① 三角形の性質
　　② 円の性質
 (2) 空間図形
　　① 直線と平面
　　② 多面体

7．いろいろな式… 数学Ⅱ
 (1) 式と証明
　　① 整式の除法，分数式，二項定理，恒等式
　　② 等式と不等式の証明
 (2) 高次方程式
　　① 複素数と 2 次方程式の解
　　② 因数定理
　　③ 高次方程式の解法と性質

8．図形と方程式… 数学Ⅱ
 (1) 直線と円
　　① 点の座標
　　② 直線の方程式
　　③ 円の方程式
　　④ 円と直線の関係
 (2) 軌跡と領域
　　① 軌跡と方程式
　　② 不等式の表す領域

9．指数関数・対数関数… 数学Ⅱ
 (1) 指数関数
　　① 指数の拡張
　　② 指数関数とそのグラフ
 (2) 対数関数
　　① 対数の性質
　　② 対数関数とそのグラフ
　　③ 常用対数

10．三角関数… 数学Ⅱ
 (1) 一般角
 (2) 三角関数とその基本的な性質
 (3) 三角関数とそのグラフ
 (4) 三角関数の加法定理
 (5) 加法定理の応用

11. 微分・積分の考え… 数学II
  (1) 微分の考え
    ① 微分係数と導関数
    ② 導関数の応用
       接線，関数値の増減（関数の値の変化，最大・最小，極大・極小）
  (2) 積分の考え
    ① 不定積分と定積分
    ② 面積

12. 数列… 数学B
  (1) 数列とその和
    ① 等差数列と等比数列
    ② いろいろな数列
  (2) 漸化式と数学的帰納法
    ① 漸化式と数列
    ② 数学的帰納法

13. ベクトル… 数学B
  (1) 平面上のベクトル
    ① ベクトルとその演算
    ② ベクトルの内積
  (2) 空間座標とベクトル
    ① 空間座標
    ② 空間におけるベクトル

14. 複素数平面… 数学III
  (1) 複素数平面
    ① 複素数の図表示
    ② 複素数の極形式
  (2) ド・モアブルの定理
  (3) 複素数と図形

15. 平面上の曲線… 数学III
  (1) 2次曲線
       放物線，楕円，双曲線
  (2) 媒介変数による表示
  (3) 極座標による表示

16. 極限… 数学III
  (1) 数列とその極限
    ① 数列の極限
    ② 無限級数の和
  (2) 関数とその極限

① 分数関数と無理関数
② 合成関数と逆関数
③ 関数の極限
④ 関数の連続性

17. 微分法… 数学Ⅲ
(1) 導関数
① 関数の和・差・積・商の導関数
② 合成関数の導関数, 逆関数の導関数
③ 三角関数・指数関数・対数関数の導関数
(2) 導関数の応用
接線, 関数値の増減, 速度, 加速度

18. 積分法… 数学Ⅲ
(1) 不定積分と定積分
① 積分とその基本的な性質
② 置換積分法・部分積分法
③ いろいろな関数の積分
(2) 積分の応用
面積, 体積, 長さ

EJU Syllabus for Japanese as a Foreign Language

＜Purpose of the Examination＞

This examination is designed for foreign students who plan to study at Japanese universities and colleges. The purpose of this examination is to measure their ability to communicate in the Japanese language that is required for higher education as well as daily life in Japan.

EJU Syllabus for Japanese as a Foreign Language

I   Contents of the Examination

This examination consists of two major parts: production (writing) and comprehension (reading comprehension, listening comprehension, and listening & reading comprehension).

II   Description of each Section

1. Reading comprehension, listening comprehension, and listening & reading comprehension

   The questions set for the reading comprehension are mainly written texts, and some visual information (graph, chart, list, etc.) may be presented. The questions set for the listening comprehension use only sounds, and the listening & reading comprehension use sounds and visual information (graph, chart, and textual information).

   (1)   Abilities tested

   In the sections of reading comprehension, listening comprehension, and listening & reading comprehension, the examination will assess the abilities to understand information in written or spoken text, to comprehend relationships between information, and to infer a logically valid interpretation. The examination include following questions.

   (i)   Ability to understand details and the main idea of the text

   This type of question will require the abilities to understand information explicitly expressed in the text. For example, the following abilities will be tested.
   - Understand details of the text.
   - Understand main ideas of the text.

   (ii)   Ability to comprehend relationships between information

   This type of question will require the abilities to comprehend the relationships between information expressed in the text. For example, the following abilities will be tested.
   - Distinguish an important part of the text from the rest.
   - Recognize relationships between the information.
   - Compare or contrast information expressed in various forms such as sound, text, graphic, etc.

   (iii)   Ability to utilize information

   This type of question will require the abilities to utilize comprehended information in order to infer a logically valid interpretation. For example, the following abilities will be tested.
   - Draw a conclusion using information given in the text.

- Generalize cases given in the text.
- Apply general explanation/ideas to particular cases.
- Infer a valid interpretation complementarily combining the information given in various forms, such as sound, text or graphic, etc.

(2) Written and spoken texts used

The abilities listed in (1) will be examined based on written or spoken texts that need to be understood on the occasion of studying and campus life. Examples of written or spoken texts are as follows.

Reading comprehension
- Explanatory text
- Editorial text
- Practical document/text (regarding studying, campus life, etc.), and others

Listening comprehension, listening & reading comprehension
- Lecture or speech
- Presentation and discussion regarding exercise or survey
- Consultation, instruction and advice about study and life
- Practical conversation, and others

2. Writing

(1) Abilities tested

In the area of writing, the examination will evaluate the ability to follow the instructions and to write one's own ideas with convincing reasons. For example, the following abilities will be evaluated.

- Understand what is required in a given task and present an argument or conclusion based on what is understood.
- Present appropriate and effective evidence or examples that support the argument or conclusion.
- Review the argument or conclusion from multiple perspectives.
- Organize an essay by arranging an argument or conclusion, and its supporting evidence or example appropriately and effectively.
- Use appropriate sentence structure, vocabulary, expressions, etc. to write a dissertation in a place of higher education.

(2) Tasks required
- To argue about one or several suggested concepts.
- To explain the current status of a specific issue, and to predict its outcome or to find a solution.

EJU Syllabus for Basic Academic Abilities(Science)

＜Purpose of the Examination＞

The purpose of this examination is to test whether international students have the basic academic ability in science necessary for studying at universities or other such higher educational institutions in Japan.

＜Classification of Examination＞

The examination consists of three subjects, i.e. physics, chemistry, and biology; examinees will select two of these subjects.

＜Scope of Questions＞

The scope of questions is as follows. What is taught in elementary and junior high schools is regarded to have been already learned and therefore is to be included in the scope of the EJU. What questions consists of in each subject is classified into categories, each of which is presented by topics and scientific terms.

Physics

The scope of questions will follow the scope of "Basic Physics" and "Advanced Physics" of the Course of Study for high schools in Japan.

I   Mechanics

1. Motion and force
    (1) Description of motion
         Position, displacement, velocity, acceleration, relative motion, free fall, projectile motion
    (2) Various forces
         Force, gravity, frictional force, normal force, tension, elastic force, force exerted by liquid or gas
    (3) Equilibrium of forces
         Resultant and resolution of forces, equilibrium of forces
    (4) Equilibrium of forces acting on rigid bodies
         Torque, resultant force, couple of forces, equilibrium of rigid bodies, center of mass
    (5) Laws of motion
         Newton's laws of motion, unit of force and equation of motion, system of units and dimension
    (6) Motion in the presence of friction and/or air resistance
         Static friction force, kinetic friction force, air resistance and terminal velocity

2. Energy and momentum
    (1) Work and kinetic energy
         Principle of work, power, kinetic energy
    (2) Potential energy
         Potential energy due to gravity, potential energy due to elastic force
    (3) Conservation of mechanical energy
    (4) Momentum and impulse
         Momentum and impulse, law of conservation of momentum, fission and coalescence
    (5) Collision
         Coefficient of restitution, elastic collision, inelastic collision

3. Various forces and motion
    (1) Uniform circular motion
         Velocity and angular velocity, period and rotational frequency, acceleration and centripetal force, centripetal force in non-uniform circular motion
    (2) Inertial force
         Inertial force, centrifugal force
    (3) Simple harmonic motion
         Displacement, velocity, acceleration, restoring force, amplitude, period, frequency, phase, angular frequency, spring pendulum, simple pendulum, energy of simple harmonic motion
    (4) Universal gravitation

Planetary motion (Kepler's laws), universal gravitation, gravity, potential energy of universal gravitation, conservation of mechanical energy

II Thermodynamics
  1． Heat and temperature
  (1) Heat and temperature
    Thermal motion, thermal equilibrium, temperature, absolute temperature, heat quantity, heat capacity,specific heat, conservation of heat quantity
  (2) States of matter
    Three states of matter (gas, liquid, solid), melting point, boiling point, heat of fusion, heat of evaporation, latent heat, heat expansion
  (3) Heat and work
    Heat and work, internal energy, the first law of thermodynamics, irreversible change, heat engine, thermal efficiency, the second law of thermodynamics
  2． Properties of gas
  (1) Equation of state of ideal gas
    Boyle's law, Charles' law, Boyle-Charles' law, equation of state of ideal gas
  (2) Motion of gas molecules
    Motion of gas molecules and pressure/absolute temperature, internal energy of gas, monatomic molecule, diatomic molecule
  (3) Change of state of gases
    Isochoric change, isobaric change, isothermal change, adiabatic change, molar specific heat

III Waves
  1． Waves
  (1) Properties of waves
    Wave motion, medium, wave source, transverse and longitudinal waves
  (2) Propagation of waves and how to express it
    Wave form, amplitude, period, frequency, wave length, wave velocity, sinusoidal wave, phase, energy of wave
  (3) Superposition principle and Huygens' principle
    Superposition principle, interference, standing wave, Huygens' principle, law of reflection, law of refraction, diffraction
  2． Sound
  (1) Properties and propagation of sound
    Velocity of sound, reflection, refraction, diffraction and interference of sound, beat
  (2) Vibrations of sounding body and resonance
    Vibration of string, vibration of air column, resonance
  (3) Doppler effect
    Doppler effect, case of moving sound source, case of moving observer, case of moving sound source and moving observer

3．Light
   (1) Properties of light
      Visible light, white light, monochromatic light, light and color, spectrum, dispersion, polarization
   (2) Propagation of light
      Velocity of light, reflection and refraction of light, total reflection, scattering of light, lenses, spherical mirror
   (3) Diffraction and interference of light
      Diffraction, interference, Young's experiment, diffraction grating, thin-film interference, air wedge interference

IV Electricity and Magnetism
1．Electric field
   (1) Electrostatic force
      Charged object, electric charge, electric quantity, principle of conservation of charge, Coulomb's law
   (2) Electric field
      Electric field, electric field of a point charge, principle of superposition of electric field, lines of electric force
   (3) Electric potential
      Potential energy by electrostatic force, electric potential and potential difference, electric potential of a point charge, equipotential surfaces
   (4) Matter in electric fields
      Conductor in an electric field, electrostatic induction, electrostatic shielding, ground, insulator in an electric field, dielectric polarization
   (5) Capacitor
      Capacitor, electric capacitance, dielectrics, electrostatic energy stored in a capacitor, connection of capacitors
2．Electric current
   (1) Electric current
      Electric current, voltage, Ohm's law, resistance and resistivity, Joule's heat, electric power, electric energy
   (2) Direct current circuits
      Series and parallel connections of resistors, ammeter, voltmeter, Kirchhoff's rules, temperature dependence of resistivity, measurement of resistance, electromotive force and internal resistance of battery, circuit with capacitors
   (3) Semiconductor
      n-type semiconductor, p-type semiconductor, p-n junction, diode
3．Current and magnetic field
   (1) Magnetic field
      Magnets, magnetic poles, magnetic force, magnetic charge, magnetic field, lines of magnetic

force, magnetization, magnetic materials, density of magnetic flux, permeability, magnetic flux

    (2) Magnetic fields generated by currents

Magnetic fields generated by straight currents, magnetic fields generated by circular currents, magnetic fields generated by solenoid currents

    (3) Magnetic forces on currents

Magnetic force on a straight current, force between parallel currents

    (4) Lorentz force

Lorentz force, motion of charged particles in a magnetic field, Hall effect

4. Electromagnetic induction and electromagnetic wave

    (1) Laws of electromagnetic induction

Electromagnetic induction, Lenz's law, Faraday's law of electromagnetic induction, induced electromotive force in a conductor crossing a magnetic field, Lorentz force and induced electromotive force, eddy current

    (2) Self-induction, mutual induction

Self-induction, self-inductances, energy stored in a coil, mutual induction, mutual inductances, transformer

    (3) Alternating current (AC)

Generation of AC (AC voltage, AC, frequency, phase, angular frequency), AC flowing through a resistor, effective values

    (4) AC circuits

Reactance of coil and phase difference, reactance of capacitor and phase difference, electric power consumption, impedance of AC circuits, resonant circuit, oscillation circuit

    (5) Electromagnetic waves

Electromagnetic wave, generation of electromagnetic wave, properties of electromagnetic waves, classification of electromagnetic waves

V Atoms

1. Electrons and light

    (1) Electrons

Discharge, cathode ray, electrons, specific charge, elementary electric charge

    (2) Wave-particle duality

Photoelectric effect, photon, X-ray, Compton effect, Bragg reflection, matter wave, interference and diffraction of electron beam

2. Atoms and nuclei

    (1) Structure of atoms

Nucleus, spectrum of hydrogen atom, Bohr's model of atoms, energy level

    (2) Nuclei

Compositions of nuclei, isotope, atomic mass unit, atomic weight, nuclear decay, radiation, radioactivity, half-life, nuclear reaction, nuclear energy

    (3) Elementary particles

Elementary particles, four fundamental types of forces

Chemistry

The scope of questions will follow the scope of "Basic Chemistry" and "Advanced Chemistry" of the Course of Study for high schools in Japan.

I Structure of Matter

1. Study of matter
   (1) Pure substances and mixtures
      Elements, allotropes, compounds, mixtures, separation of mixture, purification
   (2) States of matter
      Three states of matter (gas, liquid, and solid), changes of state
2. Particles constituting substances
   (1) Structure of the atom
      Electron, proton, neutron, mass number, isotope
   (2) Electron configuration
      Electron shell, properties of atoms, the periodic law, periodic table, valence electrons
3. Substances and chemical bonds
   (1) Ionic bonds
      Ionic bond, ionic crystal, ionization energy, electron affinity
   (2) Metallic bonds
      Metallic bond, free electron, metallic crystal, malleability
   (3) Covalent bonds
      Covalent bond, coordinate bond, crystal of covalent bond, molecular crystals, polar nature of bond, electronegativity
   (4) Intermolecular force
      van der Waals force, hydrogen bond
   (5) Chemical bonds and properties of substances
      Melting point and boiling point, electric conductivity and thermal conductivity, solubility
4. Quantitative treatment of substances and chemical formula
   (1) Amount of substance
      Atomic weight, molecular weight, formula weight, amount of substance, molar concentration, mass percent concentration, molarity
   (2) Chemical formulas
      Molecular formula, ion formula, electron formula (Lewis structures), structural formula, compositional formula (empirical formula)

II State and Change of Substances

1. Change of substances
   (1) Reaction formula
      Expression of reaction formula, quantitative relation of chemical reaction
   (2) Acids and bases
      Definition and strength of acids and bases, hydrogen ion concentration, pH, neutralization

reaction, neutralization titration, salt
  (3) Oxidation and reduction
       Definition of oxidation and reduction, oxidation number, ionization tendency of metal, oxidizing agent and reducing agent
2. State and equilibrium of substances
  (1) Change of state
       Thermal motion of molecules and the three states of substance, thermal energy distribution of gas molecule, absolute temperature, boiling point, melting point, heat of fusion, heat of vaporization
  (2) Properties of gases
       State equation of ideal gas, mixed gas, law of partial pressure, real gas and ideal gas
  (3) Equilibrium of solutions
       Dilute solution, saturated solution and solubility equilibrium, supersaturation, solubility of solid, solubility of gas, Henry's law
  (4) Nature of solutions
       Depression of vapor pressure, elevation of boiling point, depression of freezing point, osmotic pressure, colloidal solution, Tyndall effect, Brownian motion, dialysis, electrophoresis
3. Change and equilibrium of substances
  (1) Chemical reaction and energy
       Heat and light in chemical reaction, thermochemical equation, heat of reaction and bond energy, Hess's law
  (2) Electrochemistry
       Electrolysis, electrode reaction, electrical energy and chemical energy, quantity of electricity and amount of change in substance, Faradey's law
  (3) Electric cell
       Daniell cell and typical practical batteries (dry cell, lead storage battery, fuel cell, etc.)
  (4) Rate of reaction and chemical equilibrium
       Rate of reaction and rate constant, rate of reaction and concentration, temperature, and catalyst, activation energy, reversible reaction, chemical equilibrium and its shift, equilibrium constant, Le Chatelier's principle
  (5) Eletrolytic dissociation equilibrium
       Strength and degree of electrolytic dissociation of acid and base, ionic product of water, electrolytic dissociation equilibrium of weak acid and weak base, hydrolysis of salt, buffer solution

Ⅲ **Inorganic Chemistry**
1. Inorganic substances
  (1) Typical elements (main group elements)
       Properties, reactions and uses of representative elements of each group and their compounds

       Group 1 ：hydrogen, lithium, sodium, potassium   Group 2 ：magnesium, calcium, barium
       Group 12 ：zinc, mercury   Group 13 ：aluminum
       Group 14 ：carbon, silicon, tin, lead   Group 15 ：nitrogen, phosphorus
       Group 16 ：oxygen, sulfur   Group 17 ：fluorine, chlorine, bromine, iodine
       Group 18 ：helium, neon, argon

(2) Transition elements

   Properties, reactions and uses of chromium, manganese, iron, copper, siiver, and their compounds

   (3) Industrial manufacturing methods of inorganic substances

   Aluminum, silicon, iron, copper, sodium hydroxide, ammonia, sulfuric acid, etc.

   (4) Separation and analysis of metallic ions

2. Inorganic substances and our daily life

   In addition to the substances mentioned Ⅲ-1, metals and ceramics widely utilized in human life.

   [Examples of typical metal] titanium, tungsten, platinum, stainless steel, nichrome

   [Examples of typical ceramics] glass, fine ceramics, titanium (Ⅳ) oxide

Ⅳ Organic Chemistry

1. Properties and reactions of organic compound

   (1) Hydrocarbons

   Structures, properties and reactions of representative alkanes, alkenes, alkynes, composition and uses of petroleum

   Structural isomers and stereoisomers (cis-*trans* isomers, optical isomers (enantiomers))

   (2) Compounds with functional groups

   Structures, properties and reactions of representative compounds such as alcohols, ethers, carbonyl compounds, carboxylic acids, ester, etc.

   Oils and soaps, etc.

   (3) Aromatic compounds

   Structures, properties and reaction of representative compounds such as aromatic hydrocarbons, phenols, aromatic carboxylic acids, and aromatic amines

2. Organic compounds and our daily life

   (1) In addition to the substances listed in Ⅳ-1, organic compounds widely utilized in human life such as monosaccharides, disaccharides, and amino acids

   [Examples] glucose, fructose, maltose, sucrose, glycine, alanine

   (2) Main ingredients of typical drugs, dyes, and detergents

   [Examples] derivatives of salicylic acid, azo compounds, sodium alkyl sulfate

   (3) Polymeric compounds

   i Synthetic polymers: structures, properties and syntheses of typical synthetic fibers and plastics

   [Examples] nylon, polyethylene, polypropylene, poly (vinyl chloride), polystyrene, polyethylene terephthalate, phenol resin, urea resin

   ii Natural polymers

   Structures and properties of proteins, starch, cellulose, natural rubber, structures and properties of nucleic acid such as DNA

   iii Applications of polymers widely utilized in human life (e.g. water-absorbent polymer, conductive polymers, synthetic rubber), recycling of resources, etc.

Biology

The scope of questions will follow the scope of "Basic Biology" and "Advanced Biology" of the Course of Study for high schools in Japan.

I Biological Phenomena and Substances

1. Cells and molecules
   (1) Biological substances and cells
      Organelle
      Prokaryotic and eukaryotic cells
      Cytoskeleton
   (2) Biological phenomena and proteins
      Protein structure
      Protein function   [Example] enzyme

2. Metabolism
   (1) Life activities and energy
      ATP and its role
   (2) Respiration   [Example] glycolytic pathway, citric acid cycle, electron transport system, fermentation and glycolysis
   (3) Photosynthesis   [Example] photosystem I, photosystem II, Caivin-Benson cycle, electron transport system
   (4) Bacterial photosynthesis and chemosynthesis
   (5) Nitrogen assimilation

3. Genetic information and its expression
   (1) Genetic information and DNA
      Double-helix structure of DNA
      Gene, chromosome and genome
   (2) Segregation of genetic information
      Segregation of genetic information by somatic cell division
      Cell cycle and DNA replication
      Mechanism of DNA replication
   (3) Expression of genetic information
      Mechanism of gene expression   [Example] transcription, translation, splicing,
      Changes in genetic information   [Example] gene mutation
   (4) Control of gene expression
      Regulation of transcriptional level
      Selective gene expression
      Cell differentiation by gene expression control
   (5) Biotechnology   [Example] genetic transformation, gene transfer

V Ecology and Environment

1. Populations and communities
   (1) Populations
        Populations and their structures
        Interaction within populations
        Interaction among populations
   (2) Communities
        Communities and their structures
2. Ecosystems
   (1) Matter production and cycle of matter in ecosystems
        [Example] food web and trophic level, carbon cycle and flow of energy, nitrogen cycle
   (2) Ecosystems and biodiversity
        Genetic diversity
        Species diversity
        Diversity of ecosystems
        Ecological balance and conservation
   (3) Diversity and distribution of vegetation [Example: succession of vegetation]
   (4) Climates and biomes

VI Biological Evolution and Phylogeny

1. Mechanism of biological evolution
   (1) Origin of life and transition of organisms
        Beginning of life
        Evolution of organisms
        Human evolution
   (2) Mechanism of evolution
        Variation between individuals (mutation)
        Changes in gene frequency and its mechanism
        Molecular evolution and neutral evolution
        Species differentiation
        Coevolution
2. Phylogeny of organisms
   (1) Phylogenetic classification of organisms   [Example] Comparison of DNA base sequence
   (2) Higher taxa and phylogeny

EJU Syllabus for Basic Academic Abilities
(Japan and the World)

＜Aims and Nature of the Examination＞

Japan and the World takes up themes centered mainly on the contemporary world and Japan as seen from the perspective of multicultural understanding. It is aimed at measuring international students' mastery of the basic knowledge of contemporary Japan deemed necessary to study at the college level in Japan, as well as their capacity to think logically and critically about basic issues in modern international society.

＜Syllabus＞

The topics of the questions are selected mainly from the fields of Politics, Economy, and Society, as well as from Geography and History. The syllabus below lists the major thematic groups of each field, and the topical areas from which questions may be drawn.

Japan and the World

I Politics, Economy and Society

1. Contemporary Society

   Information society, Aging society with fewer children, Multicultural understanding, Bio-ethics, Social security and social welfare, Transformation of local communities, Redress of inequality, Food issues, Energy issues, Environmental issues, Sustainable society

2. Economy

   Economic systems, Market economy, Price mechanism, Consumers, Business cycle, Government roles and economic policy, Labor issues, Economic growth, National economy, International trade, Foreign exchange, Balance of payments

3. Politics

   Principle of democracy, the Constitution of Japan, Fundamental human rights and the rule of law, Diet, Cabinets, Courts, Parliamentary democracy, Local government, Elections and political participation, New human rights

4. International Society

   International relations and international law, Globalization, Regional integration, United Nations and other international organizations, North-South problem, Race/ethnicity and ethnic issues, Global environment issues, International peace and international cooperation, Japan's international contributions

II Geography

   Geographical examination of features and issues of the modern world

   Globes and maps, Distance and direction, Aerial photography and satellite pictures, Standard time and time differences, Geographical information, Climate, Natural features, Vegetation, Lifestyles/cultures/religions around the world, Resources and industries, Population, Urban and rural settlement, Traffic and communication, Natural environment and disasters/disaster prevention, Land and environment of Japan

III History

1. Development of modern society and interdependence of the world

   The Industrial Revolution, The American Revolution, The French Revolution, Formation of the nation-state, Imperialism and colonialization, Modernization of Japan and Asia

2. Japan and the world in the 20th century

   World War I and the Russian Revolution, The Great Depression, World War II and the Cold War, Independence of Asian and African nations, Postwar Japanese history, Oil Crisis, The end of the Cold War

EJU Syllabus for Basic Academic Abilities(Mathematics)

<Purpose of the Examination>

The purpose of this examination is to test whether international students have the basic academic ability in mathematics necessary for studying at universities or other such higher educational institutions in Japan.

<Classification of Examination>

There are two courses. Course 1 is for undergraduate faculties and departments for which a basic knowledge of mathematics is considered sufficient. Course 2 is for undergraduate faculties and departments for which math is very important.

At the time of taking the examination the examinee must choose whether to take Course 1 or Course 2 ; the examinees should follow the instructions given by the university or the department to which they are applying.

<Symbols and Terminologies>

The symbols are the ones used in Japanese high school text books; the English version of the test uses standard English terms, and the Japanese version of the test uses terms used in Japanese high school text books.

<Scope of Questions>

The topics covered by the examination are as follows.

- The Course 1 examination covers only topics 1 to 6.
- The Course 2 examination covers all 18 topics.

The topics are covered by the standard text books used in Japanese high schools.

In addition, it is assumed that material covered in Japanese elementary and junior high schools has been mastered.

Mathematics | (the correspondence with the Course of Study for high schools is attached)

<Topics>

1. Numbers and expressions··· | Mathematics I |
   (1) Numbers and sets
      ① Real numbers
      ② Sets and propositions
   (2) Calculation of expressions
      ① Expansion and factorization of polynomials
      ② Linear inequalities
      ③ Equations and inequalities containing absolute values

2. Quadratic functions··· | Mathematics I |
   (1) Quadratic functions and their graphs
      ① Variation in values of quadratic functions
      ② Maximum and minimum values of quadratic functions
      ③ Determining quadratic functions
   (2) Quadratic equations and inequalities
      ① Solutions of quadratic equations
      ② Quadratic equations and the graphs of quadratic functions
      ③ Quadratic inequalities and the graphs of quadratic functions

3. Figures and measurements··· | Mathematics I |
   (1) Trigonometric ratios
      ① Sine, cosine, tangent
      ② Relations between trigonometric ratios
   (2) Trigonometric ratios and figures
      ① Sine formulas, cosine formulas
      ② Measurement of figures (including application to solid figures)

4. The number of possible outcomes and probability··· | Mathematics A |
   (1) The number of possible outcomes
      ① Principles of counting (including the number of elements of a set, the law of sums, the law of products)
      ② Permutations, combinations
   (2) Probability and its fundamental properties
   (3) Independent trials and probability
   (4) Conditional probability

5. Properties of integers··· Mathematics A

  (1) Divisors and multiples

  (2) Euclidean algorithm

  (3) Applications of the properties of integers

6. Properties of figures··· Mathematics A

  (1) Plane figures

    ① Properties of triangles

    ② Properties of circles

  (2) Solid figures

    ① Lines and planes

    ② Polyhedrons

7. Miscellaneous Expressions··· Mathematics II

  (1) Expressions and proofs

    ① Division of polynomials, fractional expressions, binomial theorem, identities

    ② Proofs of equalities and inequalities

  (2) Equations of higher degree

    ① Complex numbers and solutions of quadratic equations

    ② Factor theorem

    ③ Properties of equations of higher degree and methods of soiving them

8. Figures and equations··· Mathematics II

  (1) Lines and circles

    ① Coordinates of a point

    ② Equations of (straight) lines

    ③ Equations of circles

    ④ Relative positions of a circle and a line

  (2) Locus and region

    ① Locus defined by an equality

    ② Region defined by inequalities

9. Exponential and logarithmic functions··· Mathematics II

  (1) Exponential functions

    ① Expansion of exponents

    ② Exponential functions and their graphs

  (2) Logarithmic functions

    ① Properties of logarithms

    ② Logarithmic functions and their graphs

    ③ Common logarithms

10. Trigonometric functions··· Mathematics II
  (1) General angles
  (2) Trigonometric functions and their basic properties
  (3) Trigonometric functions and their graphs
  (4) Addition theorems for trigonometric functions
  (5) Applications of the addition theorems

11. The concepts of differentiation and integration.··· Mathematics II
  (1) The concept of differentiation
    ① Differential coefficients and derivatives
    ② Applications of the derivative
       Tangent lines, increase/decrease in function value (variation in the value of functions, maximums and minimums, local maximums and minimums)
  (2) The concept of integration
    ① Indefinite integrals and definite integrals
    ② Areas

12. Sequences of numbers··· Mathematics B
  (1) Sequences and their sums
    ① Arithmetic progressions and geometric progressions
    ② Various sequences
  (2) Recurrence formulae and mathematical induction
    ① Recurrence formulae and sequences
    ② Mathematical induction

13. Vectors··· Mathematics B
  (1) Vectors on a plane
    ① Vectors and their operations
    ② Scalar products (inner products) of vectors
  (2) Space coordinates and vectors
    ① Space coordinates
    ② Vectors in a space

14. Complex plane··· Mathematics III
  (1) Complex plane
    ① Geometric representation of complex numbers
    ② Trigonometric form (polar form) of complex numbers
  (2) De Moivre's theorem
  (3) Complex numbers and figures

15. Curves on a plane··· Mathematics Ⅲ
  (1) Quadratic curves
      Parabolas, ellipses, hyperbolas
  (2) Parametric representations
  (3) Representation in polar coordinates

16. Limits··· Mathematics Ⅲ
  (1) Sequences and their limits
      ① Limits of sequences
      ② Sums of infinite series
  (2) Functions and their limits
      ① Fractional functions and irrational functions
      ② Composite functions and inverse functions
      ③ Limits of functions
      ④ Continuity of functions

17. Differential calculus··· Mathematics Ⅲ
  (1) Derivatives
      ① Derivatives of the sum/difference/product/quotient of two functions
      ② Derivatives of composite functions, derivatives of inverse functions
      ③ Derivatives of trigonometric functions, exponential functions, logarithmic functions
  (2) Applications of the derivative
      Tangent lines, increase/decrease in value of functions, velocity, acceleration

18. Integral calculus··· Mathematics Ⅲ
  (1) Indefinite and definite integrals
      ① Integrals and their basic properties
      ② Integration by substitution, integration by parts
      ③ Integrals of various functions
  (2) Applications of the integral
      Area, volume, length

Track 4

練習 学生がコンピュータの画面を見ながら先生の説明を聞いています。学生は今，画面のどの項目を選べばいいですか。

　えー，これから，この大学のコンピュータの使い方について説明します。今日は，大まかな説明しかしませんが，もっと詳しいことを知りたい人は，右上の「利用の仕方」などを見ておいてください。ああ，今じゃなくて，あとで見ておいてください。今日はまず，利用者の登録をします。では，画面の左下の項目を選んでください。

Track 6

1番 ある会社の社長が，最近始めた新しい仕事についてインタビューを受けています。この人が，新しい仕事の最もいい点だと思っていることは，図のどの部分に関係がありますか。

聞き手：どんなきっかけでこのお仕事を始められたんですか。

社長　：私は以前からたくさんの着物がゴミとして処分されることを残念に思っていたんですが，あるとき，柄物のシャツを見て，古い着物を買い取ってシャツに仕立て直すことを思いつきました。それで，全国から古い着物を集めたんです。

聞き手：いろんな方がお仕事に参加されているそうですね。

社長　：ええ。小さい子どもを預けるところがなくて働きに出られないお母さんたちにお願いしてるのは，着物をほどいて布にして，その布をシャツにするために切ってもらう「裁断」の作業です。そうやってできた布地を，腕のいい地元の職人さんが一枚一枚シャツに仕立てて，それを国内のデパートや海外の店で販売してもらっているんです。

聞き手：この仕事を始めて良かったと思うことはどんなことでしょうか。

社長　：いろいろありますが，やはり，地元のお母さんたちが，子育てをしながら家で仕事ができることを喜んでくれていることが，何よりよかったと思っています。

Track 7

2番 先生が授業で，光る魚が持っている発光細菌について話しています。この先生が最後にする質問の答えはどれですか。

　魚の中には，体の一部が光るものがいます。光る魚の多くは，発光器とよばれる袋のようなものを持っていて，その中にはたくさんの発光細菌が入っています。発光細菌に感染することで魚は光り始めます。

一般に，細菌の感染のしかたにはいくつかのパターンがあります。まずAは，細菌を持っている魚がエラから排出する海水の中に細菌が含まれ，他の魚がそれを取り込んで感染するパターンです。Bは，細菌を持っている魚から媒介生物に細菌がつき，その媒介生物を他の魚が体内に取り込んで感染するパターンです。さらに，Cのように細菌を持っている魚に直接触れることで感染するパターンや，Dのように細菌が紛れ込んだ排泄物を体内に取り込んで感染するパターンがあります。

　さて，ある光る魚の場合，生まれたばかりのときは発光細菌を持っていません。しかし，親が細菌を含んだ糞を体外に出し，それを稚魚が体内に取り込むことで感染することがわかっています。これは，図で言うと，どの感染パターンですか。

3番　先生がグラフの見方について話しています。先生が注目すべきだと言っていることに当てはまる例は，図のどれですか。

　データの整理や視覚化には，グラフが使われることが多いですが，グラフを見ることによって新たに情報が得られることがあります。資料のグラフは同じ商売をしているいろいろな店の面積と利益を調査し，それらの相関を示したものです。このグラフを見ると，面積が大きいほど利益も大きいという傾向に気づきます。しかし，この傾向に合わない店もあります。例えば，面積がほぼ同じでも，利益が二倍以上の店舗もあります。

　なぜこのように利益に差が出たのか，これら面積の同じ二つの店舗に注目することも重要なのです。

4番　先生が，生物学の授業で，「イリオモテヤマネコ」という動物について話しています。「イリオモテヤマネコ」だけがえさとし，他の種類のヤマネコはえさとして食べない動物は，資料のどの群ですか。

　今日はイリオモテヤマネコというネコ科の動物について話します。

　資料の図をご覧ください。これはイリオモテヤマネコがえさとして食べる動物の種類です。ヤマネコをはじめ，ほとんどのネコ科の動物は，哺乳類を主なえさとしていますが，それが十分に得られない場合は，鳥類もえさにします。イリオモテヤマネコは，哺乳類や鳥類以外に，昆虫を食べる割合も，他のヤマネコより多いと言われています。また，トカゲ，ヘビ，カエルもかなり食べます。他のヤマネコもヘビは餌にしますが，同じは虫類のトカゲは食べません。それに，カエルも全く食べないんですね。なぜこのように，イリオモテヤマネコがほかの種類のヤマネコと異なる食性を持っているのかというと，イリオモテヤマネコが住む島には，他のヤマネコが食べているような哺乳類が最近まで生息していなかったためだと言われています。

5番 先生が授業で，組織の中での役割分担の変化について話しています。この先生の説明
に合う図は，どれですか。

　会社などの組織ができたばかりのころは，役割分担がきっちり定まっていません。そのため、
誰もやらない部分ができてしまう一方で，他の人と重なる部分もできています。この状態を図に
すると，資料の丸い図のように表すことができます。

　しかし，組織における役割分担は，組織の成長とともに変化していきます。組織が発展する時
期には，組織の人数が増えるので，誰もやらない部分はなくなります。それと同時に，他の人と
重なる部分が増えていきます。

　次の段階になると，他の人と重なっていた部分を，誰の分担にするかが明確になって重なりが
なくなり，それぞれの人が自分の役割を正確に行うことが重要視されるようになります。これが
成熟期です。

　このような状態が続くと，やがて人は，自分の役割以外のことは，誰かがやるはずだと思うよ
うになります。すると，時が経つにつれ，一人一人の分担部分の間に，結局誰もやらない隙間が
生じて，生産性が落ちていきます。

6番 男子学生と女子学生が育児休暇についての意識調査の結果を見ながら話しています。
この男子学生はこのあと，どの項目について詳しく調べると言っていますか。

男子学生：ねえ，この意識調査の結果，今度のレポートに使おうと思って。

女子学生：へえ。育児休暇に対する意識調査か。

男子学生：そう。

女子学生：全体では，七割以上の人が，育児休暇を取得したいって思ってるんだね。

男子学生：そうだね。

女子学生：うーん。どの年代も，女性のほうが，男性より育児休暇を希望する人が多いね。

男子学生：うん。ただね，この部分，見て。この年代は，男女差が他の年代ほどじゃないよね。

女子学生：ほんとだ。

男子学生：それに，女性は，年代間でそれほど大きな差はないんだけど，男性は，この年代だけ
　　　　　他の年代とちょっと違うんだよ。

女子学生：そうだね。意識が変わってきてるのかな。

男子学生：どうだろう。ちょっと詳しく調べてみるよ。

7番 先生が，気象学の授業で，雨の強さに関する用語について説明しています。この先生が話の中で紹介している大雨の事例は，どれに当てはまりますか。

　この表は，気象庁が定義した，一時間当たりの降雨量による雨の呼び分け方です。強い雨，激しい雨など，天気予報などでよく耳にする言葉ですが，実はこのように明確に数値で決められています。これをイメージで表すとわかりやすいですね。たとえば「どしゃ降り」というのは予報用語ではありませんが，一時間当たり20ミリから30ミリの強い雨に対して言う場合が多いようです。

　さて，今日取り上げるのは，ある地方で起こった大雨の事例です。この時の一時間当たりの降雨量は桁違いの数値でした。私たちはよく非常に激しい雨のことを「滝のように」と表現しますが，このときの降雨量は，その倍以上だったのですから，どれほど強い雨だったかわかると思います。

8番 先生が，植物とキノコの違いについて説明しています。この先生が最後にする質問の答えはどれですか。

　生物としてのキノコの特徴を知るために，植物と比較してみましょう。植物は地下に根を伸ばして，地上に花と葉と茎を作ります。キノコは，地下に菌糸と呼ばれる糸のような形のものを伸ばし，地上に傘と柄を作ります。

　この二つを単純に比べると，植物の花と葉と茎がキノコの地上部分に対応し，植物の根がキノコの菌糸に対応しているように見えますね。しかし，それぞれの働きを比較すると，植物とキノコはずいぶん違います。植物の花は生殖器官として子孫を残す働きをし，葉と茎と地下の根は，養分の吸収をはじめとした生命活動を行います。一方，キノコの場合は，傘と柄が生殖器官として働きます。そして地下の菌糸は生命活動を行います。つまり，キノコの地上部分は，植物のどの部分と同じ働きをしているということですか。

9番 先生が，経営学の授業で，キャッチコピーのパターンについて話しています。この先生が最後に挙げる例は，どの項目に当てはまりますか。

　キャッチコピーとは，消費者の心を強くとらえる効果をねらった宣伝のことばです。興味を引くキャッチコピーには，いくつかのパターンがあります。

　まず，「おすすめ調」は，その商品の特徴を示して，客に勧めるものです。次の「ニュース調」は，商品の情報を新しいニュースのように伝えます。また，「語りかけ調」は，消費者の悩みや欲求を言い当てるような言葉を使うことで，消費者の心に訴えかけるものです。最後の「お客様の会話調」は，消費者の日常会話に出てくるような言葉をそのままキャッチコピーにする方法です。

　では，考えてみましょう。「販売総数一万個を突破しました」というキャッチコピーは，どのパターンでしょう。

10番 先生が，経営学の授業で，店舗の設計について説明しています。この先生は，店の入り口の状態としていいのは，次のどれとどれだと言っていますか。

　店の前を通る人に店に入ってもらうには，入り口をどのような作りにすればいいでしょうか。

　図を見てください。建物の壁が道路際いっぱいまで迫っていると，買う気のないお客は通り過ぎてしまいます。では，店の入り口を少し内側に引っ込め，道から入り口に向かって壁を斜めにしたらどうでしょう。このように設計すれば，人の流れを引き込みやすくなりますね。

　また，店の前にワゴンを置いて商品を陳列すると，通りがかりの人の興味を引いて人の流れを止める効果があります。ただし，ワゴンが道にはみ出していては通行の邪魔になってしまい，逆効果です。その点，壁を内側に引っ込めた場合は，店頭にできたスペースにワゴンを置いて，人の流れを止め，店に流れを引き込むことができます。

　このように，店の前をどのような作りにするかによって，人の流れは変化するのです。

11番 動物学の先生が，野生動物とヒトの生活空間について話しています。この先生の話によると，江戸時代が終わった後，ニホンザルとヒトの生活空間は，どの順番で移り変わったと考えられますか。

　ニホンザルを含む野生動物とわたしたちヒトとの生活空間の境界は，時代とともに，変化してきました。ヒトの住むところを「人里」といいます。人里に近い山々には，ヒトが利用する領域である「里山」があります。江戸時代には，里山は，燃料となる木を切ったり，食料となる植物をとるなど，ヒトの生活領域でした。当時の野生動物は人を恐れて「奥山」つまり山の奥のほうで暮らしていました。

　やがて江戸時代が終わると，ヒトは山の中に入って，銃でシカやイノシシを獲って食料にするようになり，その結果，サルを含む野生動物の生活空間は江戸時代より小さくなりました。

　しかし，その後，狩猟をする人が減少したため，野生動物は再び生活空間を奥山から里山の近くにまで広げて行きましたが，ヒトは相変わらず，里山を生活空間として利用していました。

　さらに時が過ぎ，燃料に木ではなく石炭や石油を使うようになり，ヒトが里山を利用する機会が激減したため，野生動物の生活空間が人里のそばまで広がったと考えられます。

12番 先生が，食育について話しています。この先生が挙げる具体的な取り組みは，七つの目標のうち，主にどの目標を達成したと言えますか。すべて答えてください。

　みなさんは「食育」という言葉を聞いたことがありますか。食育とは，食生活の基本を身につけて，「食」を楽しめる子どもを育てる取り組みのことです。食育には，資料のように，いくつかの目標があります。それでは具体的な取り組みをご紹介しましょう。ある幼稚園では，玉ねぎやピーマンなどの野菜を育てています。子どもたちは野菜を自分の手で収穫し，皮むきなどの調理も手伝っています。また，自分たちで育てた野菜について，友達と話すようになったり，今まで苦手で食べられなかった野菜が好きになったりといった成果が見られたそうです。

◎聴解問題スクリプト

Track 20

練習 女子学生と男子学生が，待ち合わせの場所で話しています。この二人は，これからど
うしますか。

女子学生：あ，お待たせ。山田さんはまだ？

男子学生：うん。さっき連絡があって，ちょっと遅れるって。待ってるって言ったんだけど，先
に行ってくれって。

女子学生：でも，山田さん，研究会の場所，知ってるのかな？

男子学生：大丈夫だよ。先にどうぞって言ったんだから。

女子学生：そう言ってるのなら，大丈夫ね。

この二人はこれからどうしますか。

1．山田さんを待ってから行く。
2．山田さんに先に行ってもらう。
3．山田さんに連絡をする。
4．山田さんより先に行く。

Track 22

13番 先生が，味の好き嫌いの感じ方について話しています。この先生は，大人になると，
味の感じ方についてどのような変化が見られると言っていますか。

　食べ物の好き嫌いを判断するのは，脳のある部分です。好き嫌いの基本となる，味に関する感
覚は，生まれたときから備わっています。たとえば甘みは，カロリー源となる炭水化物を表して
いて，人間が本能的に好む味です。反対に，苦みは，食べてはいけない毒を意味していて，本能
的に嫌な味だと感じます。しかし，私たちは成長するにつれて，苦いものでも，ほかのおいしい
ものと一緒に食べたり，また，楽しい会話をしながら食べたりするうちに，おいしいと感じ，好
きになっていくことがあります。これは，脳が，その苦いものをおいしいものだと学習したため
だと考えられます。生まれつき持っている脳の感覚が，その後の経験と学習によって，書き換え
られていくのです。

この先生は，大人になると，味の感じ方についてどのような変化が見られると言っていますか。

1．味の好き嫌いにこだわらなくなる。
2．嫌だった味でも，おいしいと感じるようになる。
3．非常に好きだった味が，嫌な味だと感じるようになる。
4．味の好き嫌いの差がどんどん大きくなる。

Track 23

14番 女子学生と男子学生が，アイデアを出し合う方法について話しています。この男子学生は，紹介する方法の中で，してはいけないことは何だと言っていますか。

女子学生：さっきゼミで，夏の研究調査を何にするか話し合ってたんですけど，全然決まらなくて…。意見もなかなか出ないし，明日また集まることになっちゃって…。

男子学生：そういうときはね，まず初めに材料集めをするといいよ。何でもいいから，たくさんアイデアを出していくんだ。

女子学生：うーん，でも，自分の意見に自信がなくて，なかなか発言できないときもありますよね。

男子学生：うん。だから，ルールを設けるんだよ。

女子学生：ルールですか？

男子学生：そう。まず，常識にこだわらないこと。それから，人のアイデアに文句を言ったり，批評を加えたりしないこと。

女子学生：ああ。それなら，ちょっと発言しやすくなるかもしれませんね。

男子学生：うん。とにかく量を追求することが大事なんだ。どんなアイデアでも，何かの役に立つかもしれないからね。あと，せっかく出たアイデアを忘れないように，必ずメモしておいてね。

この男子学生は，紹介した方法の中で，してはいけないことは何だと言っていますか。

1．常識からかけ離れたアイデアを出すこと
2．出たアイデアをすべて書き残すこと
3．できるだけ多くのアイデアを出し合うこと
4．ほかの人のアイデアを批判すること

15番 先生が，生物学の授業で，動物の冬眠について話しています。この先生は，クマのどのような点が特殊だと言っていますか。

冬の寒さを乗り越えるため，冬の間眠って過ごす動物がいます。昆虫やヘビなどの，気温によって体温が変わる動物のほか，体温を一定に保つことができる哺乳類に属する動物の中でも，リスやネズミのように体の小さな動物は，気温の影響を受けやすく，冬の間はえさも少ないため，眠って過ごします。これは冬眠と呼ばれます。

クマは，体重が100キロをこえるほど大型の哺乳類ですが，冬の間，ほら穴や岩のすき間などに入り冬眠します。この点で，クマは他とは違う動物だと言えます。冬眠する動物で，クマに次いで大きいのは，体重が２，３キロの動物です。クマがいかに特殊かよくわかります。

クマは食事をせず，浅い睡眠状態を保ちながら，春になるまで過ごします。ときどき起きることもあるので，冬眠ではなく「冬ごもり」と呼ばれることもあります。

この先生は，クマのどのような点が特殊だと言っていますか。
1．体が大きいのに冬眠すること
2．冬になると食事をしなくなること
3．冬眠中でもときどき起きること
4．ほら穴や岩のすき間に入ること

16番 先生が，監視カメラについて話しています。この先生は，監視カメラのどんな点に注意すべきだと言っていますか。

現代社会は，監視社会と言われるほど，いたるところに監視カメラが設置されています。それはどうしてでしょう。一つには，監視カメラがあることで，守られていると感じる人がいることが挙げられます。つまり，金融機関や繁華街などには監視カメラがあったほうが安心だし，悪いことをする人を減らす抑止力になると考える人がいるのです。しかし，このような監視カメラの設置は，監視をしている側が情報を不当に利用しない，という前提のもとに行われています。たとえ防犯のための監視カメラであっても，一般人の日常生活の一部を記録しているということを忘れてはいけません。監視カメラで集められた情報が悪用され，プライバシーの侵害につながる可能性があるのです。記録が適切に利用されているか常に注意すべきでしょう。

この先生は，監視カメラのどんな点に注意すべきだと言っていますか。

1．監視カメラがどのような場所に設置されているか
2．監視カメラの情報がどのように使われているか
3．監視カメラの設置でどの程度，犯罪が減っているか
4．監視カメラがどのくらい住民に安心感をあたえているか

Track 26

17番　男子学生と女子学生が，子供向けの人形について話しています。この男子学生は，新しく開発した人形が売れなかったのは，どうしてだと言っていますか。

男子学生：さっき，授業で，小さな子供向けの人形の話を聞いたんだけどね。
女子学生：うん。
男子学生：あるおもちゃ会社が，何年か前に，髪の毛が虹色の人形を開発したんだって。
女子学生：へえ。虹色なんて，かわいい！
男子学生：うん。試作品を子供たちに見せたら，確かに，ものすごく人気があったらしいんだ。でも，その人形を実際に発売したら，まったく売れなかったんだって。
女子学生：え，そうなの？どうしてだろう。
男子学生：子供は，新しいものや珍しいものを欲しがるけど，人形を買ってあげる親のほうは，親しみを感じて，安心できるものを選ぶ傾向があるっていうことらしいよ。
女子学生：ああ，それで実際には売れなかったのね。

この男子学生は，新しく開発した人形が売れなかったのは，どうしてだと言っていますか。

1．子供は親しみやすさと安心を求めているが，親は珍しさを求めているから
2．子供は珍しさを求めているが，親は親しみやすさと安心を求めているから
3．子供も親も，珍しさを求めているから
4．子供も親も，親しみやすさと安心を求めているから

Track 27

18番　先生が，ペットを飼うことについて話しています。この先生は，ペットに関してどのような認識が必要だと言っていますか。

　みなさんは，ペットを飼っていますか。飼い主の中には，ペットは家族の一員だからといって，人間と同様に扱う人がいるようですが，これはいけません。例えば，「毎日同じえさじゃかわいそうだから」とか「かわいいから，つい」などといって，私たちが食べる物をペットに与えていませんか。当然のことですが，犬には犬の，猫には猫の，人間には人間の，それぞれ異なる栄養のとり方があります。こういったことは食生活に限りません。飼い主は，人間とペットの違いを

認識して，きちんと責任を持って世話をすることが大事です。

この先生は，ペットに関してどのような認識が必要だと言っていますか。
１．ペットに毎日同じ食べ物を与えるのはよくない。
２．ペットは家族の一員とみなすべきだ。
３．ペットを人間と同じように扱うのはよくない。
４．ペットはきちんと訓練するべきだ。

Track 28

19番　先生が，体に障害を持つ人への対応について話しています。この先生が例に挙げる車椅子の人は，店で，どのような対応を望んでいましたか。

　社会にはいろいろな障害を持つ人がいます。そうした人たちに対する望ましい対応とは，どのようなものでしょうか。例として，ある車椅子を使う人の体験を紹介します。
　この人が，介護する人に付き添ってもらいながら，店で買い物をしたときのことです。支払いのとき，車椅子の人がお金を払ったのに，店員は，介護する人にお釣りとレシートを渡しました。
　この店員は，車椅子の人の負担を減らすために，そのような対応をしたのかもしれません。しかし，この車椅子の人は，障害を持つ人の活動を制限する望ましくない対応だと受け取りました。なぜなら，買い物をした本人として店員とやりとりすることも，大切な社会活動の一つだと考えていたからです。

この先生が例に挙げた車椅子の人は，店で，どのような対応を望んでいましたか。
１．自由に買い物ができるよう店内を整える。
２．介護者がいない場合，店員が手伝う。
３．お客である自分と直接やりとりをする。
４．できるだけ介護する人を通して対応する。

Track 29

20番　男子学生と女子学生が，ある街の新しい取り組みについて話しています。この男子学生は，新しい取り組みの最大の利点は何だと言っていますか。

男子学生：ねえ，コンパクトシティって，聞いたことある？
女子学生：え，コンパクトシティ？
男子学生：うん。人口が減ってる地方都市での取り組みなんだけど，街の郊外に住んでいる人たちに，街の中心部や電車の沿線に住んでもらうようにして，街の規模を小さくする取り組みなんだって。

女子学生：えー，わざわざ引っ越してもらうなんて，ずいぶん大変そうね。

男子学生：でも，住民にとっては，家の近くに役所とか病院とかお店があるし，通勤時間も短くなるから，行動しやすくなるっていうメリットがあるんだ。

女子学生：へえ。

男子学生：それに，住民が広い地域に分散して住んでいるより，狭い地域に集中しているほうが，道路や水道の管理とかごみの収集なんかに費用がかからないよね。自治体が，そういう負担を減らせるっていうのが，一番価値があることなんだって。

女子学生：なるほど，そういうメリットもあるのね。

この男子学生は，新しい取り組みの最大の利点は何だと言っていますか。

1．街全体のごみを減らすことができる。
2．自治体の負担を軽くすることができる。
3．住民が街の中心部に住むことができる。
4．電車通勤する人を増やすことができる。

21番 先生が，「ゲーム障害」という病気について話しています。この先生は，この病気の治療に効果があるのは，どのようなことだと言っていますか。

　最近，「ゲーム障害」という病気が増えています。これは，スマートフォンやゲーム機，パソコンなどを使ったゲームに没頭しすぎて，日常生活に問題が生じる病気です。

　この病気の人には，三つの特徴があります。まず，ゲームをする頻度や時間などを自分でコントロールできないこと，次に，日常生活よりもゲームを優先してしまうこと，そして，悪影響が出ていてもやめられないことです。このような状態が少なくとも12か月続くと，ゲーム障害と診断され，治療が必要とされます。

　しかし，治療といっても，医者に診てもらったり，薬を飲んだりすれば治るというものではありません。ゲームを断つという強い意志を持つことが必要です。この際に有効なのが，同じ経験をした人たちと話し合う機会を持ち，助言してもらうことです。

この先生は，この病気の治療に効果があるのは，どのようなことだと言っていますか。

1．時間を決めて，だれかに一緒にゲームをしてもらうこと
2．治療に専念できるように，家族にサポートしてもらうこと
3．医者の診察を受けて，薬を処方してもらうこと
4．ゲーム障害だった人に，アドバイスをもらうこと

22番 先生が，辞書に載っている言葉について話しています。この先生は，企業が自分の会社の商標名を辞書に載せないよう要求することがあるのは，どうしてだと言っていますか。

　商標とは，ある企業が自分の会社の商品だけにつけた固有の名前です。企業は，商標を登録し，その名前を独占的に使用する権利を得ます。しかし，その商品の知名度が上がって，他の企業の似たような商品もその商標で呼ばれるようになると，一般的な言葉とみなされ辞書に載ることもあります。そこまで社会に浸透するような商品を開発したというのは企業にとっては嬉しいことかも知れませんが，実際は，企業がその商標名を辞書に載せないよう，出版社に要求することがあります。本来，商標名は登録した企業だけが使えるものですが，「辞書に載っているのだから，一般的な言葉だ」といって，他の企業がその商標名を使う可能性が出てくるからです。そうなったら，それまで商標名を独占使用していた企業の売り上げが落ちるのは避けられません。ですから，それを防ぐために，辞書に載せないように求めるのです。

この先生は，企業が自分の会社の商標名を辞書に載せないよう要求することがあるのは，どうしてだと言っていますか。
1．他の企業にその商標名を使われたくないから
2．他人に悪いイメージで使われると困るから
3．他の商標名と紛らわしくなるから
4．辞書に掲載するのに費用がかかるから

23番 先生が，考古学の調査について話しています。この先生の話によると，学生たちには見えないものが，この先生には見えるのは，どうしてですか。

　私の専門は考古学なので，よく遺跡などの現場に行って調査します。その際，ゼミの学生たちも参加し，古い時代の石でできた道具などを熱心に探してくれます。ただ，私には見えている石も，学生たちには見えておらず，うっかり踏んでしまうことが多いのです。私には見えているのに，学生たちには見えていない。この違いは，どこから来るのでしょうか。
　私は，小さいものでもよく見えるほど，視力が非常によいわけではありません。また，私が，遺跡の全体が見渡せるような，ちょうどよい場所に立っているからでもありません。私はただ，学生たちよりも，ずっとこうした現場に慣れているだけなのです。つまり，長年の経験を通して，古い時代のものとそうでないものをすぐに見分けられるからこそ，私には見えるのだと思います。

この先生の話によると，学生たちには見えないものが，この先生には見えるのは，どうして
ですか。
1．先生は，視力が非常によく，小さいものもよく見えるから
2．先生は，遺跡の全体を見渡せる場所に立っているから
3．先生は，探すべきものとそれ以外のものを経験的に区別できるから
4．先生は，学生よりも熱心に調査に取り組んでいるから

Track 33

24番 先生が，ナミアゲハという昆虫について話しています。この先生は，郊外の住宅地で，
ナミアゲハが増えたのは，どうしてだと言っていますか。

　チョウの一種であるナミアゲハという昆虫が，郊外の住宅地で増加しています。ナミアゲハの
幼虫はミカンなどのかんきつ類の葉を好んで食べます。最近は，自宅でかんきつ類の植物を育て
る人が増えているため，ナミアゲハも増えたと考えられます。ただ，都心はマンションが多く，
マンションのベランダでは，ナミアゲハの幼虫がたくさん繁殖できるほど，大きな木は育てられ
ません。それに対して，郊外は庭のある家も多く，庭に植えられた木は大きく育つことができま
す。そのため，ナミアゲハの個体数は，都心より，郊外の住宅地で増えているのだと考えられて
います。

この先生は，郊外の住宅地で，ナミアゲハが増えたのは，どうしてだと言っていますか。
1．庭にミカンなどの木を植える人が増えたから
2．ベランダでミカンなどの木を育てる人が増えたから
3．都心に植えられていた大きな木が減ってきたから
4．都心より，郊外で住宅が増えているから

Track 34

25番 女子学生と男子学生が，ヒトの形をしたロボットを使った実験について話しています。
この男子学生は，子供の相手ができるロボットには，どのようなことが必要だと言っ
ていますか。

女子学生：この間の実験，どうだった？確か，ロボットは小さい子供たちの遊び相手になり得る
　　　　　かっていう実験だったよね。
男子学生：うん。面白かったよ。カードゲームのルールを記憶させただけのロボットと，子供の
　　　　　様子に合わせて行動するロボットの二つを使ったんだけどね，子供の反応が興味深
　　　　　かったんだ。
女子学生：どういうこと？

男子学生：ルールだけを知っているロボットだと，子供はロボットを見ないで，カードばかり見ていたんだ。でも，子供の様子に合わせて，わざとミスをしたり，話しかけたりするロボットだと，子供が頻繁にロボットの顔を見ていたんだよ。

女子学生：へえ。まるで子供がロボットの気持ちを探っているみたいね。

男子学生：そうなんだよ。ルールを覚えて，ただ一緒に遊ぶっていうだけじゃ，子供にとって一人で遊んでいるのと同じだよね。ロボット自身が考えて行動しているって感じられることが，重要なんだと思うよ。

この男子学生は，子供の相手ができるロボットには，どのようなことが必要だと言っていますか。

1．自分の意思で行動していると子供に感じさせること
2．一緒に遊ぶ子供よりもゲームが強いこと
3．相手をする子供の間違いを指摘できること
4．顔や形が人間の子供に似ていること

Track 35

26番 先生が，大学の授業で行うプレゼンテーションについて話しています。この先生は，有意義なプレゼンテーションにするためには，何が重要であると言っていますか。

　大学の授業でプレゼンテーションを行うというと，話し手が一方的に発表するものと思っている人が多いようですが，そうではありません。プレゼンテーションとは，相手とコミュニケーションをとるための一つの手段です。成功するためには聞き手側の積極的な姿勢が不可欠なのです。

　プレゼンテーションの場で，聞き手が，表情も変えず，資料ばかり見て，話し手のほうを見ようともしなければ，話し手は非常に疲れてしまうでしょう。しかし聞き手が，話の内容に関心を持ち，話を聞きながら積極的にメモを取ったり，内容に納得したときはうなずいたりするなど，話し手に対して協力的な姿勢で臨めば，話し手と聞き手がプレゼンテーションの場を共有し，お互いに有意義な時間を過ごすことができるのです。

この先生は，有意義なプレゼンテーションにするためには，何が重要であると言っていますか。

1．聞き手が資料をよく見て聞くこと
2．聞き手が協力的な態度で聞くこと
3．話し手が聞き手をよく見て話すこと
4．話し手が積極的に身振りをつけて話すこと

27番 先生が，バイオリンという楽器について話しています。この先生は，バイオリンが初めて作られてからほとんど形を変えていないのは，どうしてだと言っていますか。

バイオリンは，450年ほど前に考案された楽器だと言われていますが，誕生してから，その形をほとんど変えることなく，現在に至っています。これは，ほかの多くの楽器と違う，バイオリンの大きな特徴です。

もちろん，ほかの楽器と同様に，より美しい音や演奏のしやすさを求めて様々な改良が試みられたのですが，結果として，バイオリンは，その形をほとんど変えなかったのです。多くの楽器に課せられた，より大きな音を出すという課題についても，部分的に補強することで解決しました。

近年になって，音響学が急速に進歩しましたが，その研究によっても，バイオリンは音響学的に理想的な構造を持っていることがわかっています。

この先生は，バイオリンが初めて作られてからほとんど形を変えていないのは，どうしてだと言っていますか。
1．大きな音を出す必要がなかったから
2．だれも改良を試みようとしなかったから
3．楽器として初めからほぼ完成していたから
4．昔は音響学の研究が進んでいなかったから

2021年度

日本留学試験（第1回）

正 解 表

The Correct Answers

2021 年度日本留学試験(第 1 回)試験問題 正解表 The Correct Answers

〈日本語〉 Japanese as a Foreign Language

記　述…解答例を 371, 372 ページに掲載

読解			
問		解答番号	正解
Ⅰ		1	**2**
Ⅱ		2	**4**
Ⅲ		3	**2**
Ⅳ		4	**1**
Ⅴ		5	**2**
Ⅵ		6	**3**
Ⅶ		7	**1**
Ⅷ		8	**1**
Ⅸ		9	**2**
Ⅹ		10	**4**
ⅩⅠ	問 1	11	**1**
	問 2	12	**2**
Ⅻ	問 1	13	**4**
	問 2	14	**1**
ⅩⅢ	問 1	15	**2**
	問 2	16	**3**
ⅩⅣ	問 1	17	**1**
	問 2	18	**4**
ⅩⅤ	問 1	19	**1**
	問 2	20	**4**
ⅩⅥ	問 1	21	**4**
	問 2	22	**3**
ⅩⅦ	問 1	23	**2**
	問 2	24	**1**
	問 3	25	**3**

聴読解			聴解		
問	解答番号	正解	問	解答番号	正解
1 番	1	**2**	13 番	13	**2**
2 番	2	**4**	14 番	14	**4**
3 番	3	**1**	15 番	15	**1**
4 番	4	**3**	16 番	16	**2**
5 番	5	**4**	17 番	17	**2**
6 番	6	**2**	18 番	18	**3**
7 番	7	**4**	19 番	19	**3**
8 番	8	**1**	20 番	20	**2**
9 番	9	**2**	21 番	21	**4**
10 番	10	**3**	22 番	22	**1**
11 番	11	**2**	23 番	23	**3**
12 番	12	**3**	24 番	24	**1**
			25 番	25	**1**
			26 番	26	**2**
			27 番	27	**3**

〈理 科〉Science

物理 Physics

問Q.	問Q.	解答番号 row	正解 A.
I	問1	1	2
	問2	2	4
	問3	3	2
	問4	4	3
	問5	5	6
	問6	6	2
II	問1	7	2
	問2	8	1
	問3	9	1
III	問1	10	3
	問2	11	6
	問3	12	4
IV	問1	13	6
	問2	14	3
	問3	15	5
	問4	16	4
	問5	17	3
	問6	18	2
V	問1	19	3

化学 Chemistry

問Q.	解答番号 row	正解 A.
問1	1	3
問2	2	5
問3	3	4
問4	4	6
問5	5	3
問6	6	1
問7	7	2
問8	8	2
問9	9	3
問10	10	3
問11	11	1
問12	12	5
問13	13	5
問14	14	1
問15	15	5
問16	16	4
問17	17	2
問18	18	4
問19	19	4
問20	20	2

生物 Biology

問Q.	解答番号 row	正解 A.
問1	1	4
問2	2	4
問3	3	6
問4	4	3
問5	5	4
問6	6	2
問7	7	7
問8	8	1
問9	9	2
問10	10	4
問11	11	6
問12	12	1
問12	13	6
問13	14	6
問14	15	3
問15	16	4
問16	17	3
問17	18	4

〈総合科目〉Japan and the World

問Q.	解答番号 row	正解 A.
問 1	1	3
	2	2
	3	4
	4	3
問 2	5	4
	6	1
	7	1
	8	4
問 3	9	2
問 4	10	2
問 5	11	1
問 6	12	2
問 7	13	4
問 8	14	1
問 9	15	3
問 10	16	1
問 11	17	3
問 12	18	1
問 13	19	3
問 14	20	4
問 15	21	3

問Q.	解答番号 row	正解 A.
問16	22	2
問17	23	2
問18	24	4
問19	25	1
問20	26	4
問21	27	2
問22	28	1
問23	29	3
問24	30	4
問25	31	2
問26	32	2
問27	33	1
問28	34	3
問29	35	2
問30	36	3
問31	37	4
問32	38	3

〈数　学〉Mathematic

コース1　Course1

問Q.		解答番号 row	正解 A.
I	問1	A	6
		BC	24
		DE	33
		FG	28
		H	2
		I	1
		JK	27
	問2	LM	13
		NO	19
		PQR	427
		STUV	1981
		WX	31
II	問1	A	5
		B	7
		CDEF	2166
		G	3
		HI	14
		JKLM	2531
	問2	NO	38
		PQ	38
		RS	85
		TUV	461
		W	6
		X	1
		Y	8
		Z	0
III		AB	14
		CD	04
		EF	14
		GHI	255
		JKL	819
		MNO	620
		PQR	441
		STU	121
		VWXY	1321
IV		AB	63
		C	2
		DE	75
		FG	13
		HIJ	131
		KL	90
		MN	75
		O	2
		PQ	31
		RST	123

コース2　Course2

問Q.		解答番号 row	正解 A.
I	問1	A	6
		BC	24
		DE	33
		FG	28
		H	2
		I	1
		JK	27
	問2	LM	13
		NO	19
		PQR	427
		STUV	1981
		WX	31
II	問1	AB	12
		C	0
		D	2
		E	5
		F	7
		G	5
		HI	12
		JK	12
		LM	56
	問2	N	2
		OP	74
		QR	74
		S	2
		T	1
		UV	12
		WXY	525
III		A	2
		B	3
		CDEF	1245
		GHI	335
		J	2
		KL	50
		M	3
		NO	54
		P	5
		QR	50
		ST	50
		U	0
		VWX	521
		Y	1
IV		AB	21
		CDE	121
		FG	12
		HIJ	212
		KLM	121
		NOP	121
		Q	4
		R	4

記述問題1　解答例

　現在、宇宙に関する研究や開発を各国が競って行っている。たとえば、数年かけて、日本の探査機が小惑星を調査し、宇宙の物質を地球に持ち帰ったニュースは記憶に新しい。
　こうした研究は、地球の成り立ちや宇宙の仕組みの解明に役立ち、多くの人々に夢を与えてくれる。そのため、研究をいっそう進めるべきだという人もいる。一方、宇宙より地球上で起きている問題に取り組むべきだ、税金の無駄遣いだ、という否定的な意見もある。
　確かに、多額の資金をかけて打ち上げられるロケットは私たちの生活に関係ないと感じられるのかもしれない。しかし、実は宇宙の研究や開発を通して、身近なところで使われる技術も進歩してきたのだ。たとえば、衛星を使った位置を測定する技術はカーナビや携帯電話のGPS機能となり、誰もが便利に使えるものとなっている。また、衛星から得られるデータを活用し、より詳しく正確な天気予報や防災情報が得られるようにもなった。
　このように、宇宙の研究や開発は、夢を与えるだけでなく、私たちの生活を便利で安全なものとする技術としても活用されている。だから、私は、宇宙の研究や開発はこれからも進めていくべきだと思う。

記述問題２　解答例

　小学校や中学校で音楽や美術、伝統芸能などの芸術を学ぶことは、子どもにも社会にも有意義で必要なことだと思う。

　芸術は、私たちの心を豊かにするが、それを学ぶにはお金もかかるし、いい先生を探すことも難しい。そのため、義務教育の中に組み入れて、学ぶ機会を平等に与えることが重要である。結果として、芸術の才能を開花させる子どもも生まれるだろう。

　たしかに、芸術は他の教科とは異なり、将来の進路に直結しないという意見を持つ人も多い。なぜなら、芸術で生活を成り立たせることは難しいと考えるからだ。

　しかし、私たちの人生には感動が不可欠であり、それを与えてくれるもののひとつが、美術や音楽、伝統芸能などの芸術である。また、芸術を愛する人が多い社会では、芸術家の社会的な存在価値が認められ、それを職業とできるようにもなる。

　つまり、義務教育を通して芸術に親しんでおくことは、芸術を愛する人を育てることになる。それに対して、芸術に無関心な人が増えれば、芸術はごく一部の人のものとなり、衰退してしまう。だから、私は小学校や中学校で芸術を教えるべきだと考える。

「記述」採点基準

「記述」の採点にあたっては，以下の基準に基づき採点し，得点を表示します。

得点	基準
５０点	（レベルＳ） 課題に沿って，書き手の主張が，説得力のある根拠とともに明確に述べられている。かつ，効果的な構成と洗練された表現が認められる。
４５点 ４０点	（レベルＡ） 課題に沿って，書き手の主張が，妥当な根拠とともに明確に述べられている。かつ，効果的な構成と適切な表現が認められる。
３５点 ３０点	（レベルＢ） 課題にほぼ沿って，書き手の主張が，おおむね妥当な根拠とともに述べられている。かつ，妥当な構成を持ち，表現に情報伝達上の支障が認められない。
２５点 ２０点	（レベルＣ） 課題を無視せず，書き手の主張が，根拠とともに述べられている。しかし，その根拠の妥当性，構成，表現などに不適切な点が認められる。
１０点	（レベルＤ） 書き手の主張や構成が認められない。あるいは，主張や構成が認められても，課題との関連性が薄い。また，表現にかなり不適切な点が認められる。
０点	（ＮＡ）＊ 採点がなされるための条件を満たさない。

レベルＡ，Ｂ，Ｃについては，同一水準内で上位の者と下位の者を区別して得点を表示する。

＊０点（ＮＡ）に該当する答案は以下のとおりである。
- 白紙である。
- 課題と関連のない記述である。
- 課題文をそのまま書いているだけである。
- 課題に関連する日本語の記述（課題文をそのまま書いた部分を除く）が40字に満たない。
- 問題冊子の表紙等を引き写している部分がある。
- その他，委員会の議を経て，０点とするに至当な理由があると判断されたもの。

Score Rating of "Writing" Section

We will score the "Writing" section according to the following rating standard and indicate the respective scores.

Score	Rating
50	(Level S) An essay at this level • clearly addresses the topic with persuasive reasons • is well organized and developed • uses refined expressions in language
45 40	(Level A) An essay at this level • clearly addresses the topic with appropriate reasons • is well organized and developed • uses appropriate expressions in language
35 30	(Level B) An essay at this level • addresses the topic with mostly appropriate reasons • is generally well organized, though it may have occasional problems • may use inappropriate expressions in language
25 20	(Level C) An essay at this level • roughly addresses the topic with reasons, which may be inappropriate • may have problems in its organization • uses inappropriate expressions in language
10	(Level D) An essay at this level • does not address the topic • is disorganized and underdeveloped • has serious errors in usage
0	(NA) * An essay does not meet the rating conditions.

Each of Levels A, B and C has two grades: higher and lower.

* An essay is given a score of 0 (NA) if:
- It is blank.
- It is not relevant to the topic.
- It only repeats the topic statement.
- Its Japanese text relevant to the topic is less than 40 characters in length, excluding the part repeating the topic statement.
- It contains text copied from the question booklet cover or elsewhere.
- It is judged by the committee after deliberation as having another proper reason to be considered NA.

2021年度　日本留学試験（第 1 回）試験問題
（聴解・聴読解問題CD付）

発行日⋯⋯⋯⋯　2021 年 8 月 31 日　初版第 1 刷

編著者⋯⋯⋯⋯　独立行政法人　日本学生支援機構
　　　　　　　　〒 153-8503　東京都目黒区駒場 4-5-29
　　　　　　　　電話　03-6407-7457
　　　　　　　　ホームページ　https://www.jasso.go.jp/
印刷所⋯⋯⋯⋯　倉敷印刷株式会社

発行所⋯⋯⋯⋯　株式会社　凡　人　社
　　　　　　　　〒 102-0093　東京都千代田区平河町 1-3-13
　　　　　　　　電話 03-3263-3959
　　　　　　　　ホームページ https://www.bonjinsha.com/

ISBN978-4-89358-967-5

CD トラック番号一覧

トラック番号	問題番号等	トラック番号	問題番号等
1	音量調節	19	聴解の説明
2	試験全体の説明	20	聴解練習
3	聴読解の説明	21	聴解練習の解説
4	聴読解練習	22	聴解13番
5	聴読解練習の解説	23	聴解14番
6	聴読解1番	24	聴解15番
7	聴読解2番	25	聴解16番
8	聴読解3番	26	聴解17番
9	聴読解4番	27	聴解18番
10	聴読解5番	28	聴解19番
11	聴読解6番	29	聴解20番
12	聴読解7番	30	聴解21番
13	聴読解8番	31	聴解22番
14	聴読解9番	32	聴解23番
15	聴読解10番	33	聴解24番
16	聴読解11番	34	聴解25番
17	聴読解12番	35	聴解26番
18	聴読解終了の合図	36	聴解27番
		37	聴解終了及び解答終了の合図